I0014492

Social Media für Anfänger

Facebook, Instagram und Youtube verstehen und anwenden. Ein Anfängerguide für Beginner und Neulinge.

Nora Stiefel

Inhaltsverzeichnis

Social Media für Anfänger

Was ist Social Media und wozu wird es genutzt

Social Media ist in aller Munde. Inder heutigen Zeit ist es praktisch nicht mehr möglich ohne aus zu kommen, sei es privat oder beruflich. Wer da einsteigen möchte, sollte sich vorher gründlich informieren, was er genau damit machen kann und wo soziale Netzwerke sinnvoll eingesetzt werden können.

Definition Social Media: Allgemein versteht man darunter zuerst einmal alle Medien. Hier vernetzen sich Nutzer untereinander durch digitale Kanäle, zum Zweck der gegenseitigen Kommunikation und zum Austausch von Informationen. Daraus ergibt sich dann die Einteilung in zwei Kategorien einmal zum Zweck der Kommunikation und als Zweites liegt der Fokus dann eher auf dem Inhalt, der weiter verarbeitet wird oder im Austausch weitergegeben wird.

Die drei bekanntesten Social Media sind Facebook, Instagram und YouTube. Alle drei sind ganz unterschiedlich aufgebaut und werden von Nutzern unterschiedlich genutzt. Sie haben großen Zuspruch von Internetnutzern und das nicht nur von Jugendlichen. Immer mehr Erwachsene und ältere Menschen möchten in die sozialen Netzwerke einsteigen. Sie möchten einfach mitsprechen können und das Medium beherrschen.

Anfang und Geschichte von Facebook

Facebook ist ein soziales Netzwerk, vom gleichnamigen US amerikanischen Unternehmen Facebook Inc. Es wurde von Mark Zuckerberg im Februar 2004 geschrieben und auf den Markt gebracht. Entstanden ist es damals in einem Studentenwohnheim. Bereits 2003 befasste sich Zuckerberg mit dem Thema und brachte innerhalb des Wohnheimes den Vorläufer Facesmash heraus. Mit diesem Programm hackte er sich in die interne Datenbank des Wohnheimes ein. So erhielt er Zugriff auf die Daten und Bilder seiner Kommilitonen. Die Leitung der Universität und des Wohnheimes, sah dies als einen Eingriff in die Privatsphäre der Studenten an und Facemash musste vom Netz genommen werden. Allerdings gab Zuckerberg seine Idee nicht auf und 2004 erschien eine neue Version „TheFacebook". Doch bereits nach sechs Tagen, gab es ein neues Problem. Die Zwillinge Cameron und Tyler, Kommilitonen von Zuckerberg, behaupteten eine Vereinbarung mit Zuckerberg zu haben. Zuckerberg sollte eine Webseite mit dem Namen Harvard Connection für die beiden erstellen. Mit The Facebook hatte Zuckerberg angeblich die Ideen der Zwillinge gestohlen und damit Facebook geschaffen.

Aber bereits 2 Wochen, nach der Einführung von The Facebook waren die Hälfte der Harvard Universität Mitglieder bei The Facebook. Der Anstieg an Mitgliederzahlen war rasant. Bereits im März des gleichen Jahres, wurde es mit Hilfe von Zuckerbergs Freunden an anderen Universitäten genutzt.

Die Mitgliederzahlen wuchsen und wuchsen in den nächsten Monaten, doch The Facebook wurde immer noch aus dem Wohnheim betrieben. Zuckerberg brach sein Studium ab. Er wollte sein Unternehmen professioneller betreiben. Er zog in ein Büro nach Kalifornien. Lange blieb das neue Büro sehr studentisch. Doch der Umzug brachte schon die ersten Sponsoren. Der Durchbruch von

Facebook kam mit dem New Feed. Damit konnten Mitglieder live erleben, was ihre Freunde gerade taten. 2008 trat Sheryl Sandberg, Google Vorsitzender, in das Unternehmen ein.

Bereits 2009 zog Faceook in ein größeres Büro. Durch die Nutzung von Smartphones gewann das Unternehmen viele neue Nutzer. Schon Ende 2010 gab es eine Billion Seitenaufrufe monatlich. 2011 folgte ein weiterer Umzug in wiederum größere Räumlichkeiten. Zugleich gewann Facebook politische Macht, als Plattform für die arabischen Demonstranten. Auch Zuckerberg selbst wurde politisch wesentlich aktiver. Er wollte den Internetzugang auf der ganzen Welt möglich machen.

Im Jahr 2012 hatte Facebook bereits einen Unternehmenswert von 5 Milliarden Dollar und trat den Gang zur Börse an. Konkurrenz möchte Facebook verhindern, indem es junge Start up Unternehmen aufkauft. Instagram und WhatsApp sind nur zwei davon.

10 Jahre nach seiner Gründung hatte das soziale Netzwerk bereits 1,23 Milliarden Mitglieder. An diesem Wachstum möchte es natürlich festhalten. Wiederum mussten für die 2800 Mitarbeiter neue Räume bezogen werden. Zuckerbergs Idee ist es, die ganz Welt zu vernetzen. Der Weg dahin scheint geebnet und offen zu sein. Damit er auch ein Image als Wohltäter bekommt, spendet er enorme Summen für wohltätige Zwecke.

Wie Geld mit Facebook und seinen Mitgliedern verdient wird

Die Mitgliedschaft bei Facebook ist kostenlos. Trotzdem wird mit den Mitgliedern sehr viel Geld verdient. Werbung ist für Facebook die größte Einnahmequelle. Im Prinzip schließen die Nutzer, wenn Sie Mitglieder werden, einen Deal mit Facebook. Mit den Daten, die sie Facebook zur Verfügung stellen, arbeitet Facebook und verdient so auch Geld damit. Nutzer bekommen auf sie zugeschnittene Werbung eingespielt. Von den Firmen erhält Facebook dann pro Klick einen geringen Betrag. Aber bei den hohen Mitgliederzahlen summiert sich der Betrag gewaltig.

Apps, wie WhatsApp oder Instagram, die zu Facebook gehören, erhöhen die Nutzerzahlen noch um einiges. Durch in den Apps platzierte Werbung, erhält Facebook weitere Werbeeinnahmen. Bei WhatsApp wird nach einem Jahr Mitgliedschaft ein kleiner Mitgliedsbeitrag an Facebook fällig.

Eine weitere Säule, wie Facebook Geld verdient, sind Spiele auf Facebook. Die online Spiele sind zwar kostenlos, aber Facebook verdient durch Zusatzkäufe. Nutzer von Facebook werden feststellen, dass nach ihrem Besuch in einem online Shop, sie danach genau von diesem Shop Werbung auf Facebook erhalten. Dafür bezahlen die Unternehmen Geld an Facebook.

Über den Deal mit Facebook, muss sich jeder Nutzer im Klaren sein, er bezahlt mit seinen Daten, Vorlieben, Interessen und allem was er im Internet in Zukunft macht. Das Internet vergisst nichts.

Bei Facebook anmelden und Facebooknutzer werden

Ein Facebooknutzer muss mindestens 13 Jahre alt sein. Nutzer zwischen 13 – 17 Jahren erhalten einen Minderjährigen Account.

Das Registrieren bei Facebook ist kostenlos. Es ist direkt auf der Startseite von Facebook möglich. Zum Anmelden sind nur wenige Minuten und eventuell eine E-Mail Adresse nötig.

Folgende Daten sind wichtig und müssen ausgefüllt werden:

1) Vorname
2) Nachname
3) Gültige E-Mail Adresse oder Handynummer (nur eine Angabe ist notwendig)
4) Wiederholen von E-Mail Adresse oder Handynummer. Überprüfung, ob die Angaben korrekt waren.
5) Passwort kreieren
6) Geburtsdatum
7) Geschlecht

Wichtig: Lesen der Nutzungsbedingungen, Datenrichtlinien und Bestimmungen für Cookies durchlesen.

Erst danach auf Registrieren klicken. Das ist die Zustimmung, dass den Vereinbarungen zugestimmt wird.

Wer sich bei Facebook registriert hat, gelangt nun auf die nächste Seite, dem zweiten Schritt der Registrierung. Bereits jetzt ist es möglich per E-Mail Adressenabgleich Freunde zu finden. Facebook sucht ab jetzt automatisch nach E-Mail Adressen, die im Adressbuch des Nutzers sind. Diese müssen natürlich auch auf Facebook sein. Da die E-Mail Adresse eine freiwillige Angabe ist, können dies nur Nutzer in Anspruch nehmen, die ihre Email Adresse angegeben haben.

Per Freundschaftsanfrage kann der neue Nutzer sich mit Freunden verbinden. Diese müssen der Freundschaftsanfrage zustimmen. Tun sie das nicht, erhält der Anfrager keine Benachrichtigung. Wer nun eine Telefonnummer angegeben hat, überspringt diesen Schritt mit „weiter".

Ein neues Pop up Fenster öffnet sich. Das Überspringen muss hier bestätigt werden. Nach diesen Schritten, ist die Registrierung abgeschlossen.

Als weiterer Schritt erfolgt die Personalisierung. Hierzu wird von Facebook einiges vorgeschlagen.

1) Den E-Mail Adressabgleich nachholen
2) Die Privatsphäre Einstellungen sind das Nächste, das überprüft werden sollte. Hier wird festgelegt, wer auf Profilinformationen und Bilder Zugriff hat. Es wäre gut, an dieser Stelle nicht zu viel Preis zu geben, um die Privates auch privat sein zu lassen. Außerdem gibt es hier die Möglichkeit Gruppen anzulegen. Damit genau bestimmt werden kann, wer was lesen und sehen kann.
3) Ein Profilbild kann aufgenommen oder vom Computer hoch geladen werden.

Nach der Personalisierung ist der Facebook Account voll nutzbar.

Mit Facebook kann der Nutzer mehr als nur lesen, schreiben und Bilder hoch laden

Die meisten privaten User nutzen ihren Facebook Account dazu, mit Ihren Freunden, Kollegen und Bekannten per Messenger oder zum Austausch von Neuigkeiten zu chatten. Oder aber alte und neue Freunde zu finden und sich mit ihnen zu verbinden. Hier kann Kontakt zur ganzen Welt gehalten werden. Grenzen spielen keine Rolle mehr.

Das ist ganz nach Zuckerbergs Vision. Auf den ersten Blick sieht es aus, wie ein Austausch von Informationen und Bildern. Doch können Freundschaften auf eine große Distanz hin aufrecht gehalten werden. Neue Freundschaften können geschlossen werden.

Das Menü bei Facebook

Facebook hat eine Menüleiste, die sehr einfach zu verstehen ist, eigentlich selbst erklärend. Wenn die Symbole angeklickt werden, steht auch direkt die Bedeutung da. Bei „Neuigkeiten" erfährt der Facebookuser immer alles Neue, was seine Freunde posten oder was ihnen gefällt. Wenn etwas gefällt, gibt es dafür den „like Button". Jeder kann ihn nutzen und damit ausdrücken was er von einem Posting hält. Direkt daneben ist der Button für Freundschaftsanfragen, falls welche angezeigt werden, kann der Benutzer entscheiden ob der die Anfrage annimmt oder nicht.

Die Weltkugel als Button zeigt Benachrichtigungen von Freunden oder von Gruppen, denen man beigetreten ist. Bei Facebook kann der Nutzer selbst alles posten, was er mitteilen möchte, solange es keine anstößigen Inhalte oder unkorrekte politische Aussagen sind. Administratoren wachen darüber und löschen anstößige Inhalte. Bilder, Videoclips und Sprüche, alles ist möglich, solange es korrekt ist.

Messenger App

Facebook selbst fordert den User auf, die Facebook App extra zu installieren. Einmal installiert, kann der Nutzer die App sofort nutzen. Die App kann für den privaten Chat genutzt werden. Der größte Vorteil des Messengers ist, die sofortige Erreichbarkeit der Freunde. Diese werden erreicht, egal wo sie sich befinden.

Die Messenger App leistet wirklich Unglaubliches und hat sehr viele Funktionen, die immer wieder verbessert werden.

- Das Datenpaket des Messengers erlaubt es kostenlos SMS an Freunde zu verschicken, sie anzurufen oder einen Videoanruf zu starten. Die Voraussetzung ist, dass die Freunde online sind und bei einem Anruf oder Videoanruf abnehmen.

- Ist eine Nachricht versendet, kann der User erkennen, wann die Nachricht gelesen wurde oder nicht gelesen wurde.
- Schreibt aber ein anderer User einen Fremden an, so muss dieser zuerst seine Zustimmung geben, stimmt er zu, kann er die Nachricht lesen und antworten.
- Im Messenger können Fotos, Videos, Sticker, Gifs und mehr versendet werden.
- Gruppenunterhaltungen sind möglich, indem Freunde in eine Unterhaltung aufgenommen werden können.
- Bei Gruppenunterhaltungen ist es sogar möglich den Standort aufzuzeigen.
- Sobald die Messenger App geöffnet wird, hat der User Zugang zu seinen Nachrichten und Chat Mitteilungen.
- Messenger Nutzer können auf ihrem Tablett oder Telefon gratis sogenannte Push Up Benachrichtigungen bekommen. Eingehende Nachrichten werden sofort gesehen und können gelesen werden.
- Bei der Nutzung der Messenger App können mehrere Unterhaltungen gleichzeitig geführt werden. Es muss lediglich immer umgeschaltet werden.
- Das Profilbild des Freundes erscheint bei eingehender Nachricht oder Anruf.

Beim Installieren der App, sind alle vorhandenen Kontakte und Nachrichten sofort da.

So wird die App genutzt

Nachricht versenden:

a) Oben rechts auf die Startseite gehen
b) Kontaktnamen eingeben oder einen auswählen
c) Die Nachricht tippen
d) Auf „senden" tippen

Gruppenunterhaltungen führen:

a) Auf die Startseite gehen und auf das Symbol für „schreiben" tippen
b) Jetzt können die Namen der einzelnen Personen eingegeben werden
c) Danach muss nur noch auf senden getippt werden

Soll lediglich eine Person zu einer Gruppenunterhaltung hinzu gefügt werden

a) Die Unterhaltung mit der Person, die hinzu gefügt werden soll, eröffnen.
b) Danach oben rechts das Symbol „i" antippen
c) Auf „Person hinzufügen" tippen
d) Die Namen der Personen, die hinzu gefügt werden sollen, auswählen oder eingeben und dann auf „Zur Gruppe hinzufügen" tippen.

Der Nutzer sollte beachten, dass hinzugefügte Personen, alle bisherigen Nachrichten der Gruppenunterhaltung sehen können.

Messenger Kontakte

Personen, die im Messenger aktiv sind, werden als aktiv angezeigt. Sie verwenden gerade den Messenger. Als Kontakte gelten Facebook Freunde und Personen, die bereits eine Nachrichtenanfrage gesendet haben.

a) Auf der Startseite auf Personen tippen
b) Dann auf „aktiv" tippen

Der Nutzer selbst wird nur als aktiv angezeigt, wenn er für Nachrichten verfügbar ist. Der Chat kann vom Nutzer auch ausgeschaltet werden und Personen zu denen kein Kontakt gewünscht wird, können blockiert werden.

Der Messenger ist sogar in der Lage, Nachrichten an Personen zu schreiben, die keine Facebook Freunde sind. Bei der erstmaligen Anmeldung im Messenger, werden Telefonnummern hinterlegt, diese können von anderen Personen genutzt werden, um einen Kontakt herzustellen.

Alle auf einem Android Telefon gespeicherten Telefonnummern, können mit dem Messenger synchronisiert werden.

Synchronisation aktivieren:

a) Auf der Startseite oben links auf das Profilbild tippen
b) Auf Personen tippen
c) Auf „synchronisierte Kontakte" tippen, so wird die Einstellung aktiviert oder deaktiviert.

Noch ein paar Tricks und Kniffs bei Facebook

Facebook Seiten und Personen können abonniert werden. Nachrichtenseiten, Seiten von Promis oder auch Vereine können genauso abonniert werden wie Freunde. Abonniert bedeutet in diesem Fall, dass der Nutzer Neuigkeiten, der abonnierten Seiten, auf seinen Facebookaccount bekommt und sich dazu äußern kann, entweder mit dem gefällt mir Button oder mit der Kommentarfunktion. Automatisch taucht immer im Neuigkeitenbericht auf, was sich auf den abonnierten Seiten tut.

Der Inhalt der Seiten von Freunden und abonnierte Seiten, können zusätzlich geteilt werden. Der User bekommt eine Benachrichtigung, wenn andere User, die er kennt, sich zu den Inhalten äußern. So ist der User immer informiert, was sich bei seinen Freunden und den abonnierten Seiten abspielt.

Gleichzeitig bekommt er von Facebook Freunde vorgeschlagen, die zu ihm passen oder bei den eigenen Freunden in der Freundesliste stehen. Da kann es schnell sein, dass sich die Freundesliste verlängert. Der Nutzer sollte immer daran denken, seine Freundesliste zu ordnen, in dem er Untergruppen einteilt, wie Familie, Freunde, Arbeitskollegen usw. Damit differenziert er einfach seine Beiträge und wer sie letztendlich sehen kann.

Facebook und Datenschutz

Immer wieder steht Facebook wegen der Datenschutzrichtlinien in der Kritik. Der Benutzer selbst kann seine persönlichen Daten sicherer machen.

Tipps für den Datenschutz: Am besten die Statusmeldung nicht öffentlich posten.

a) Bei www. Facebook. com auf das Zahnrad klicken (oben rechts), dann auf „Privatsphäre Einstellungen" scrollen.
- Dort steht: wer kann meine Inhalte sehen. Hier wird bestimmt, welche Personengruppen die Inhalte sehen dürfen. Als Empfehlung gilt hier: Inhalte nur Freunden zugänglich machen. Niemals auf öffentlich klicken.
- Es gibt den Punkt: Wer kann mich kontaktieren. Empfehlenswert ist auch hier: Freunde oder Freunde von Freunden. So werden die Freundschaftsanfragen gesteuert. Hier gibt es einen Filter für private Nachrichten. Der Filter sollte auf „strenges Filtern" gesetzt werden. Nachrichten von Unbekannten kommen dadurch in den separaten Ordner „Sonstiges".

Steuern von Chronik und Markierungseinstellungen

Bei den Privatsphäre Einstellungen gibt es den Unterpunkt „Chronik und Markierungseinstellungen". Damit fällt die Entscheidung, wer Inhalte der Chronik des Benutzers sehen darf und von wem er auf Fotos markiert werden darf.

- Wer kann Inhalte zu meiner Chronik hinzufügen? Hier entscheidet der Nutzer, ob Freunde in seine Chronik schreiben dürfen.
- „Chronik und Markierungseinstellungen" Der Nutzer entscheidet, ob Beiträge und Fotos, in welchen er erwähnt

wird, vor der Veröffentlichung überprüft werden sollen. Empfehlung ist hier, auf „ein" zu stellen. Damit werden unerwünschte Markierungen geblockt.

Richtige Einstellung des Facebook Profiles

Nach dem Einloggen in Facebook, kann der Nutzer unter „Informationen bearbeiten" Details zur eigenen Person sehen.

- So entscheidet er, ob er gewisse Informationen wie „Arbeitsplatz" überhaupt angeben möchte. Mit privaten Informationen sollte er sehr sparsam und vorsichtig umgehen.
- Der Benutzer kann die Kästchen hier einfach leer lassen oder sich entscheiden, wer die Infos bekommt. Hinter jeder Frage, kann gewählt werden: „Freunde", „öffentlich", „Nur ich" oder „Benutzerdefiniert".
- Weiter unten ist der Bereich der „gefällt mir" Angaben oder Spiele, die verwendet werden, öffentliche Gruppen und Veranstaltungen. Es genügt hier ein Klick auf das „Stiftsymbol" und der Bereich wird ausgeblendet.

Überprüfung der Datenschutzeinstellungen

Der Benutzer kann seine gemachten Einstellungen selbst überprüfen.

- Es gibt die Möglichkeit, dass der Nutzer seine Infos aus der Sicht Dritter überprüfen kann.
- Dazu in der Chronik auf das Zahnrad Symbol klicken, dann auf „Anzeigen aus der Sicht von" gehen. Jede gemachte Einstellung kann hier kontrolliert werden.
- Außenstehende sollten sehr wenig vom Profil, noch besser ist nichts sehen. Was nicht beschränkt werden kann, ist das Profil oder Titelfoto. Das können alle sehen. Deshalb als Nutzer bei der Wahl des Fotos vorsichtig ein.

Abmahnung von Facebook

Es ist bei Facebook verboten, illegales und urheberrechtlich geschütztes Material zu verbreiten. Bilder oder Videos von Freunden dürfen nicht einfach gepostet werden. Dazu gehören auch Texte, Zitate und Posts von anderen Personen.

Passiert es aber doch, dass jemand etwas in der Art in der Chronik der Nutzer hinterlässt, dann muss der Beitrag schnellstens entfernt werden.

- Zitate, Gedichte usw., die von anderen Urhebern stammen, dürfen nicht gepostet werden. Außer, sie sind älter als 70 Jahre.
- Eigentlich dürfen Bilder und andere Beiträge nicht veröffentlicht werden, wenn die Personen nicht zugestimmt haben.
- Kommt es zu einer Abmahnung von Facebook, dann sollte der Nutzer auf keinen Fall die Unterlassungserklärung zu unterschreiben und die Abmahngebühr bezahlen.
- Falls eine Abmahnung vorliegt, dann am besten zum Anwalt gehen.

Facebook Konto gesperrt

Es kann immer wieder vorkommen, dass das Facebook Konto gesperrt ist. Meistens ist das nur kurzfristig und wird bald wieder geöffnet.

Gründe für die Sperrung

- Ein Regelbruch ist oft der häufigste Grund. Gab es vorher schon eine Verwarnung von Facebook an den Nutzer, wegen rassistischer Äußerungen, wegen Werbung oder Belästigung, dann erfolgt eine Sperrung des Facebook Accounts. Facebook schreibt in der Regel eine E-Mail an den Nutzer. In der Mail steht, warum die Sperrung erfolgt ist und wie lange das Konto gesperrt ist. Meistens dauert die Sperre einen Monat.

- Hacking: Wenn der Account des Nutzers gehackt wurde und Facebook bekommt Kenntnis davon, erfolgt ebenfalls eine Sperrung. Auch hier erhält der Nutzer eine entsprechende Mail. Die Mail enthält die Informationen, wie das Konto wieder entsperrt wird.
- Ohne Gründe: Falls dem Benutzer kein Grund bekannt ist für die Sperrung, kann er über das Kontaktformular bei Facebook sein Problem schildern. Zu solchen Irrtümern kommt es noch ganz vereinzelt.

Mit Facebook telefonieren

Der Benutzer muss die Messenger App herunter geladen haben und zwar in der neusten Version.

Damit es zu einem Telefonat kommt, muss der andere Facebook Nutzer natürlich auch die App herunter geladen haben. Es kann über W-Lan oder eine mobile Verbindung telefoniert werden.

a) Zuerst den Facebook Messenger öffnen. Oben rechts sieht der Nutzer das Zeichen für „Telefon".
b) Alle Facebook Freunde, die angerufen werden können sind darin aufgeführt.
c) Einen Kontakt auswählen und auf das „Telefon" Symbol tippen. Der Angerufene kann den Anruf annehmen, mit dem „Handy" Symbol. Der Anruf ist für ihn sichtbar.
d) Aus jedem privaten Chat kann ein Telefonat gemacht werden. Im privaten Chat steht oben rechts das Telefon Symbol.

Telefonate aus dem Chat sind natürlich kostenlos.

Bei Facebook mit Video telefonieren

Diese Funktion ist auf der neusten App vorhanden. Jedoch gibt es in einigen Ländern und bei manchen Anbietern Einschränkungen. Der Video Chat kann mit einer Person, aber auch mit einer Gruppe von Mitgliedern durchgeführt werden.

Video Chat mit einer Person.

- Den Chat mit der gewünschten Person öffnen
- Auf das Zeichen für Video Kamera tippen

Der andere Nutzer kann abheben und Sie sehen sich gegenseitig, falls der andere Nutzer das möchte.

Video Chat mit einer Gruppe:

- Eine Gruppenunterhaltung mit den gewünschten Personen eröffnen
- Auf das Symbol Video Kamera tippen
- Auf „Anrufen" tippen

Es können nur Personen mit Internetverbindung angerufen werden.

Link setzen bei Facebook

Zuerst muss der Text, dem ein Link hinzugefügt werden soll, markiert werden. Als nächstes auf „Link" klicken und danach die URL eingeben, auf die Eingabetaste am PC gehen oder auf Return beim Mac. Damit wird eine Person in der Notiz des Users erwähnt:

- Den Namen der Person eingeben und gleichzeitig den Anfangsbuchstaben Groß Schreiben
- Auf den Namen im Menü klicken

Gruppe oder Seite in einer Notiz erwähnen:

- Zuerst „@" eingeben und dann den gewünschten Namen
- Einen Namen aus dem Menü auswählen

Es wird ein Link erstellt, wenn eine andere Person, eine Gruppe oder eine Seite in der Notiz des Nutzers erwähnt wird. Es ist möglich, dass die Person oder Gruppe bei den Privatsphäre Einstellungen dies eventuell verhindern, dass alle Personen in der Zielgruppe des Users den Link nicht sehen können. Die erwähnte Person, Gruppe oder Seite kann darüber eine Benachrichtigung bekommen und die Notiz erscheint in deren Chronik.

Notizen, in denen Nutzer markiert sind, kann der Nutzer auch sehen:

- Das Profil öffnen
- Unter dem Titelbild auf „Info" klicken
- Dann nach unten scrollen, bis zu „Notizen". Ist der Abschnitt nicht sichtbar, dann wurde er noch nicht eingefügt
- Auf „Notizen über (Name) klicken

Falls dem Mitglied die markierte Notiz nicht gefällt, kann sie im Profil verborgen oder gemeldet werden.

- Den Bereich Notizen im Profil aufrufen
- Auf „Notizen über (Name)" klicken
- Dann auf den Titel der Notiz klicken
- Rechts auf „Markierung melden/entfernen" klicken und die Anweisungen befolgen

Ein Titelfoto in der Notiz des Users hinzufügen, beziehungsweise entfernen

Oben auf das graue Feld klicken, damit ein Titelbild in der Notiz zugefügt wird. Ein Foto aus der Liste wählen oder ein neues hochladen, damit es als Titelbild zugefügt wird. Das Titelbild kann eine Abmessung von 1200 Pixel (Breite) x 445 Pixel (Höhe) haben.

Wird ein kleineres Bild hochgeladen, dann wird es angepasst und ist undeutlich. Soll das Titelbild entfernt werden, mit der Maus über das vorhandene Bild wischen und dann auf „Entfernen" klicken.

Wenn die Notiz des Nutzers öffentlich ist, kann er sich anzeigen lassen, wie viele Personen die Notiz gesehen haben. Dazu die Notiz im Profil oder auf der eigenen Seite öffnen. Die Anzahl der Aufrufe steht unter dem Titel der Notiz und neben dem Datum.

Einstellungen für Werbeanzeigen

Die Werbeanzeigen Einstellungen werden entsprechend der Vorlieben des Nutzers angezeigt. Das Ganze basiert auf den Profilinformationen. Entweder kommen sie von den Aktivitäten auf Facebook oder anderen Aktivitäten außerhalb von Facebook. Entsprechend dieser Informationen, bekommt der Nutzer Werbung von Facebook eingestellt. Indem der Nutzer die Werbeeinstellungen ändert, ändert sich auch die Werbung von Facebook. Falls er das nicht wünscht, kann er die Einstellungen abbestellen.

Aufgrund seiner Einstellungen für Werbeanzeigen, kann er auch feststellen, warum er diese Werbeanzeige sieht.

Anzeigen der Werbeanzeigen und deren Änderung:

-   Auf eine beliebige Werbeanzeige oben rechts klicken auf x oder „Haken"
-   „warum wird mir das angezeigt" klicken

Eine Erklärung erscheint, warum diese Werbeanzeige dem Nutzer gezeigt wird. Er kann sich dann zu den Zielgruppen hinzufügen oder sich entfernen lassen. Einfach auf „Einstellungen für Werbeanzeigen verwalten" gehen. So sieht der Nutzer weitere Zielgruppen, zu denen er gehört. Hier kann er dann seine Werbeeinstellungen einsehen und ändern. Damit beeinflusst der User welche Werbeanzeigen er sieht, aber er kann die Anzahl der Werbeanzeigen nicht beeinflussen.

Facebook nutzt die Informationen über das Alter, das Geschlecht, den Standort und die Geräte des Mitgliedes. So entscheidet Facebook, welche Werbeanzeigen dem Mitglied gezeigt werden.

Facebook Konto deaktivieren oder löschen

Wird das Facebook Konto lediglich deaktiviert, kann es jederzeit wieder reaktiviert werden. Das Mitglied kann nicht mehr gefunden werden und seine Chronik kann nicht mehr gesehen werden. Aber es bleiben noch einige Informationen wie gesendete Nachrichten, sichtbar.

Wird das Konto gelöscht, kann das Mitglied nicht mehr darauf zugreifen.

- Die Löschung des Kontos wird für einige Tage auf Eis gelegt. Sie wird abgebrochen, falls das Mitglied sich in dieser Zeit wieder anmeldet.
- Bis alle Daten gelöscht sind, kann es bis zu 90 Tage dauern. Während dieses Zeitraumes kann der Nutzer nicht auf seine Informationen bei Facebook zugreifen.
- Einiges wird im Konto nicht gelöscht. Nachrichten, die Freunde des Users haben, besitzen sie auch nach der Löschung.

Deaktivierung des Kontos

- Auf einer beliebigen Facebook Seite auf das Menü „Konto" klicken
- Einstellungen auswählen
- In der linken Spalte auf „Allgemein" klicken
- „Verwalte dein Konto" auswählen und nach unten scrollen und dann auf „Deaktiviere dein Konto" klicken

Aktiviert werden kann das Konto jederzeit wieder, indem der Nutzer sich mit seiner E-Mail Adresse und dem Passwort wieder anmeldet.

Konto dauerhaft löschen

Es empfiehlt sich vor der dauerhaften Löschung eine Kopie der Daten von Facebook herunterzuladen. Zur Löschung des Kontos muss sich das Mitglied mit E-Mail Adresse und Passwort anmelden und Facebook mitteilen, dass er das Konto dauerhaft löschen möchte.

Die wichtigsten Funktionen von Facebook im Überblick

Facebook wird von seinen Usern nicht nur zur Erhaltung von Freundschaften, zum Informationsaustausch und zum Posten von Bildern genutzt. Laut Studien wurden im Jahr 2014 fast 91 Prozent aller Online Nachrichten über die Facebook Like und Teilen Buttons verbreitet. Im Prinzip wird Facebook schon fast als Tageszeitung genutzt.

Bei Facebook gibt es noch einige interessante Funktionen, die etwas versteckt, aber durchaus hilfreich, sind.

1) Suchverlauf bearbeiten und löschen

   Es kommt ja doch oft vor, dass auch andere Personen im Haushalt gemeinsam PC oder Tablett nutzen. Da ist es sinnvoll, öfter den Suchverlauf zu bereinigen. Am Desktop oder auf der App befindet sich diese Funktion direkt in der Suche „letzte Suchanfragen-Bearbeiten". Im Aktivitäten Protokoll, das dann erscheint, gibt es die Funktion „suchen löschen". Schon kann nicht mehr nach voll zogen werden, wo der letzte Nutzer gesucht hat.

2) Gemeinsamkeiten mit Freunden

   Facebook bietet eine Funktion an, mit der der Nutzer herausfinden kann, was er mit bestimmten Freunden gemeinsam hat. „wo wurde man gemeinsam erwähnt", „welche Seiten wurden von beiden gelikt", auf welchen Events beide waren, oder was sich gegenseitig auf die Pinnwand gepostet wurde.

   Dazu einfach auf Profil des Freundes gehen, oben rechts, auf die drei kleinen Punkte und dann „Freundschaft anzeigen" anklicken. Sofort erscheinen die Gemeinsamkeiten mit dem Freund.

3) Nachrichtenanfragen

Bei Facebook werden alle Nachrichten an den Nutzer im Posteingang angezeigt. Von Personen mit denen der Nutzer nicht befreundet ist, erhält er keine Direktnachrichten. Diese werden von Facebook herausgefiltert und in einen zweiten Posteingang verschoben, der „Nachrichten anfragen" heißt. Dieser sollte genauso regelmäßig, wie der normale Posteingang kontrolliert werden. Sonst sammeln sich dort zu viele alte Nachrichten und es kann immer mal wieder vorkommen, dass etwas Wichtiges dabei ist.

4) W-Lan, das kostenfrei ist, finden

Facebook hat eine Funktion, die ein bisschen versteckt ist, den W-Lan Finder. Damit lassen sich offene W-Lan Netze in der Umgebung finden. Der dafür verantwortliche Link ist in der Facebook App zu finden. Es ist in der App unter „alle anzeigen" zu finden. Der Ortungsdienst GPS muss aktiviert sein, dann werden die W-Lan Hotspots angezeigt.

5) Funktion: „für später speichern"

Jedem Nutzer passiert es, dass er bei den Beiträgen, etwas ganz besonders interessant findet. Aber bei der Flut der vielen neuen Beiträge, gerade der Beitrag untergeht. Dafür hat Facebook seit Neustem eine Verbesserung geschaffen, die sogenannte „Bookmarkfunktion" für Beiträge. Damit können alle Posts, Videos usw. abgespeichert werden. Abrufen kann der User die Beiträge dann unter, https://facebook.com/saved oder aber über den Link in der linken Seitenleiste.

6) Die Ausschließen Funktion

Bei Facebook können die Nutzer ihre Postings sehr gut
steuern. Die Kontakte werden durch Listen, bestimmten
Gruppen zugeordnet. So werden Postings nur bestimmten
Personen zugänglich gemacht. Das Ganze lässt sich natürlich
auch umkehren, indem einzelne Personen ausgeschlossen
werden. Dafür einfach „Benutzerdefiniert" anklicken. Darüber
lässt sich dann eine Liste erstellen und zusätzlich können
darüber einzelne Personen von Postings ausgeschlossen
werden.

7) Facebook Safety Check

Eine absolut gute Einrichtung, um Freunde und Verwandte
wissen zu lassen, dass man „save" ist. Notwendig kann diese
Funktion sein, wenn jemand sich in Urlaub oder zwecks Arbeit
in einem Krisengebiet aufhält. Viele Medien nutzen diese
Funktion, als Merkmal von Katastrophen und anderen
gefährlichen Ereignissen.

8) Chronik

Die Funktion Chronik wurde im Dezember 2011 eingeführt.
Der Nutzer soll in der Chronik sein Leben chronologisch
darstellen. Es ist wie eine Art Tagebuch zu sehen. Diese
Funktion, der Chronik, war zuerst optional. Doch seit 2012 ist
sie zwingend geworden. Alle Mitteilungen des Users
erscheinen in der Chronik. Allerdings kann der Nutzer
festlegen, wer seine Chronik lesen darf und wer reinschreiben
darf. Mit der Einführung der Chronik wurde bestimmt, dass
der Nutzer nur noch ein großes Bild in sein Profil hoch laden
darf.

9) Eine ganz neue Funktion – Facebook Live

Seit Februar 2016 hat Facebook eine Live Funktion. Nutzer können eine Video Live Version erstellen und diese per Live Schaltung an Ihre Facebook Freunde schicken. So sehen Facebook Mitglieder, was der Nutzer gerade macht und wo er sich befindet.

Wie immer startet Facebook diese Funktion in den USA. Ganz am Anfang war diese nur Personen des öffentlichen Lebens und Promis vorbehalten. Doch schnell änderte Zuckerberg diese Situation und alle amerikanischen Mitglieder, mit entsprechenden Medien, konnten Live senden. Es dauerte dann noch geraume Zeit, bis die Funktion auch in Deutschland möglich war. Deutsche Mitglieder greifen aber eher selten zu dieser Funktion.

So funktioniert die Live Schaltung:

- Facebook Messenger öffnen
- Auf das Symbol für Live-Video tippen
- Kurze Beschreibung zum Video abgeben
- Auf „Live-Übertragung starten" tippen, damit die Sendung beginnen kann
- Möchte der Nutzer den Live-Stream beenden, auf „Beenden" tippen

Während der Übertragung des Live-Streams, sieht der Benutzer, wie viele Zuschauer er hat und die Namen der Freunde, die ihm zu schauen. Die Kommentare der anderen User werden auch angezeigt. Solch eine Live-Übertragung kann maximal 30 Minuten gehen. Nach Beenden der Live-Übertragung speichert Facebook diese automatisch in der Chronik des Nutzers ab. Der User kann später jeder Zeit darauf zurückgreifen und sie sich wieder ansehen. Die Kommentare seiner Freunde bleiben auch bestehen.

Ein Blockieren von Personen, die die Live-Übertragung nicht sehen sollen, ist möglich. Dazu einfach auf das Profilbild des Zuschauers gehen und „Blockieren" auswählen. Kann aber ohne Probleme wieder rückgängig gemacht werden.

Eine Live-Übertragung kann nachträglich nicht bearbeitet werden, auch wenn sie in der Chronik abgespeichert wurde. Die Funktion von Facebook Live, lässt es zu, dass Events übertragen werden können und der User kann sich diesen Event später immer wieder ansehen. Wie schon bemerkt, sind deutsche Facebook Nutzer noch etwas zögerlich, diese Funktion zu nutzen.

Die Reichweite für Facebook steigern

Neuer Algorithmus bei Facebook

Noch bis vor Kurzem konnte bei Facebook nur „gelikt" werden. Die meisten Mitglieder fanden das unbefriedigend. So erweiterte Facebook seine Emotions Symbole. Die neuen Zeichen sind: „Like", „Wow", „Love", „Happy", „traurig" und „wütend". Facebook selbst begründet die Neuerung damit, dass „Likes" unüberlegt vergeben werden. Bei den neuen Symbolen müsse man wenigstens nachdenken, bevor man sie vergibt. Blogger gerieten durch die neuen Symbole etwas in Panik. Facebook milderte die Panik, indem es behauptete, dass gute Postings nun sicher häufiger ein „Wow" oder ein „Happy" bekommen würden. Dadurch würde sich die Reichweite eher erweitern. Falls die Mitglieder aber nun ihre Follower aufrufen würden, öfter ein „Happy" zu vergeben, wäre das nicht gut. Bei Facebook ist Betteln um „Likes" nicht sehr beliebt und wird von Facebook durch einen Algorithmus abgestraft. Studien belegten, dass „Happy" eine Reichweite von 300 Prozent hat. Das ist sicher sehr erstrebenswert, trotzdem wird es sich nicht unbedingt lohnen, jetzt nur noch lustige Filmchen zu posten. Da „traurig" 200 Prozent Reichweite hat, wäre es ein Trugschluss nur noch traurige Kommentare zu hinterlassen.

Die besten Postings sind immer noch eine Mischung aus Fotos, Videos und Links, um damit dauerhaft eine gute Reichweite zu erlangen.

Wie in den meisten sozialen Netzwerken, ist es auch bei Facebook klar, der User erlernt den Umgang mit dem sozialen Netzwerk mit der Zeit immer besser kennen. Er findet immer neue Funktionen, die er mit seinem Grundwissen über Facebook sich selbst beibringt.

Instagram

Instagram ist eine ganz andere Art von Social Media als Facebook, allerdings gehört es auch zur Facebook Inc.

Kurz zusammengefasst ist Instagram ein Online Dienst zum Teilen von Fotos und Videos. Für die Nutzung gibt es eine App, die der User zuerst herunterladen muss, sie ist kostenlos. Die App wurde für Windows 10, Windows 10 Mobile und IOS konzipiert. Im Prinzip ist Instagram eine Mischung aus Microblog und visueller Plattform.

Die Geschichte von Instagram

Die Entwickler von Instagram waren Kevin Systrom und Mike Krieger. Im App Store wurde Instagram am 6.10.2010 veröffentlicht. Im April 2012 wurde die Nutzung von Instagram auch für Mobiltelefone möglich, das Betriebssystem ist Android.

Die App war sehr viel entsprechend und wurde von Internetusern schnell angenommen. Deshalb war Facebook natürlich sehr schnell an einer Übernahme interessiert. Mark Zuckerberg bot dem jungen Unternehmen 1Milliarde Dollar für die Übernahme. Der Preis war zu damaliger Zeit weit über dem Wert des Unternehmens. Noch bevor Instagram ein Jahr alt war, ging der Deal über den Tisch. Die Konkurrenz Twitter war über diesen Deal nicht sehr erfreut und sperrte den direkten Abruf von Instagram Inhalten.

Doch im November 2012 kam es zur Freischaltung der sogenannten Werbeprofile. Diese ermöglichen es den Nutzern sich öffentlich in Form einer personifizierten Webseite zu präsentieren. In diesem Jahr gab es dann auch neue Datenschutzrichtlinien bei Instagram. Was für großen Aufruhr unter den Usern sorgte. Die Proteste der User führten dazu, dass diese Richtlinien wieder zurück genommen wurden. Facebook, als neuer Besitzer von Instagram, wollte sich durch die neuen Datenschutzrichtlinien im Prinzip die Rechte auf die Daten der

Instagram Nutzer sichern, vor allem von denen, die nicht bei Facebook waren.

Lange Zeit konnte Instagram nur auf Android Mobil Telefonen genutzt werden. Ab 2013 änderte sich das. Mobil Telefone mit Windows Phone konnten es nun in der Beta Version nutzen. Allerdings war es nicht möglich Videos aufzunehmen und zu veröffentlichen. Die Änderung kam 2016 mit einer neuen App. Diese ermöglichte fast alle Funktionen, IOs und Android Apps. Es fehlten lediglich die Instagram Stories.

Bereits 2015 kam es zu einer weiteren Neuerung, @music wurde vorgestellt. Das ist ein Musik Stream der Fotos, Songtexte und Videos von Musikschaffenden und Fans präsentiert. Ab April 2017, erklärte Instagram, dass die App auch im Offlinemodus alle Onlineversionen erhalten wird.

Als die Version 3.0 heraus kam, gab es Neuerungen auf der Oberfläche. Doch die größte Neuerung war die Geotag-Funktion. Hier kann der Nutzer seine Fotos auf einer Karte anordnen. So sind diese auch für andere Nutzer der Plattform einsehbar.

Mit Erscheinen der Version 3.5 im Mai 2013, können Instagram Benutzer nun andere Personen auf Ihren Bildern markieren. Es ist sogar möglich auf dem eigenen Profil Fotos anzuzeigen, auf denen man selbst markiert wurde. Seit 2013 ist es nun möglich quadratische Videos zu machen und verschiedene Filter zu nutzen.

Im Dezember wurde es machbar Instagram Direkt zu benutzen. Instagram hat seit 2013, 19 Fotofilter und 13 Videofilter zum Auswählen. Zusätzlich können die Farben besser angepasst werden. Das Hochladen von Bildern und Videos wurde verbessert und leichter gemacht. Bereits drei Jahre später wurde die Neuerung Stories eingeführt. Nutzer können jetzt Bilder und Videos für 24 Stunden mit Freunden und Followern teilen. Diese Bilder erscheinen aber nicht im

Profil des Users. Die Bilder können vorher mit Text und Emojis aufbereitet werden.

Wie viele Nutzer hat Instagram

Seit Dezember 2010 stiegen die Zahlen stetig an. Von 2010 bis 2011 stiegen die registrierten Benutzer von 1 Million auf 5 Millionen an. Bereits ein halbes Jahr später, im Juli 2011, waren es 10 Millionen. Der April 2012 brachte es Instagram auf stolze 30 Millionen. Mark Zuckerberg erwähnte allerdings, dass es im September 2012 bereits 100 Millionen gewesen wären. 2013 kam Instagram auf 150 Millionen, 2015 waren es bereits 300 Millionen und Juni 2016 waren es über 500 Millionen.

Bei der Anzahl der Fotos übertrifft sich Instagram selbst. Bereits 2011 waren 100 Millionen Fotos hoch geladen worden. Eigenen Angaben zu Folge, sollen es Dezember 2013 bereits 16 Milliarden sein. Täglich sollen es 55 Millionen Fotos gewesen sein. Schon im Jahr 2014 waren es täglich angeblich 20 Millionen Beiträge gewesen. Über das Jahr 2016 hieß es, es sollen Zahlen bis 40 000 Fotos und Videos minütlich gewesen sein.

Viele bekannte Marken haben das Potential von Instagram schnell erkannt. Sie haben ein eigenes Profil auf Instagram und pflegen neue Daten täglich ein.

Instagram wird kommerziell genutzt

Bei Instagram haben User die Option ihr eigenes Profil in einen Business Account umzuwandeln. Das bringt Zugriff auf spezielle Statistiken. Dadurch können Werbeanzeigen direkt in der App kreiert werden und es ist möglich Kontakte hinzu zu fügen. Für das Marketing ist das sehr wertvoll. In Deutschland war das erst ab 2015 möglich. Das ist der Grund, warum bei den Usern immer Werbung zwischen den Beiträgen erscheint. Instagram orientiert sich wie Facebook an den Vorlieben und dem Kaufverhalten ihrer User.

Da Instagram zur Facebook Inc. gehört, ist es möglich, dass Benutzer ihre Bilder automatisch in ihre Facebook Chronik übernehmen können.

Beliebte Motive bei Instagram sind Essen, Selfies, Urlaubsbilder, Haustierfotos oder Naturaufnahmen.

Profil anlegen bei Instagram

Ein Account bei Instagram kann nur über die Smartphone App erstellt werden.

1) Kostenlose App herunterladen und die App öffnen
- Registrieren
- E-Mail angeben (oder mit Facebook öffnen)
- Nutzernamen erstellen
- Passwort erstellen
- Optional mit Facebook verbinden
- Optional Kontakte durchsuchen
- Optional Personen folgen

Beim Nutzernamen sollte sich der Benutzer wirklich Gedanken machen. Auf Sonderzeichen sollte verzichtet werden. Ist der gewünschte Name verfügbar, erscheint „grün", wenn nicht erscheint „rot".

Die optionalen Schritte können vorerst unbeachtet bleiben.

Bei Instagram ist die Profilseite das Wichtigste. Hier stellt sich das neue Mitglied kurz vor. Dieser Abschnitt ist deshalb so wichtig, weil die möglichen Follower sich an ihm orientieren.

Ganz unten rechts ist das Profil

- Profil bearbeiten
- Namen eingeben oder ändern
- Der Benutzername kann hier geändert werden
- Webseite eingeben (falls vorhanden)
- Biographie (der User verfasst sie selbst)
- Private Informationen können hier eingegeben werden (diese werden nicht angezeigt)

- Oben rechts auf „bearbeiten" klicken und ein Profilbild hochladen

Der Name des Mitgliedes steht unter dem Profilbild.

Ein Link zur Webseite muss nicht angegeben werden, falls er nicht vorhanden ist.

Um die Biografie zu verfassen, hat das Mitglied 150 Worte zur Verfügung. Die Biografie sollte immer informativ und kreativ abgefasst werden.

Foto über Instagram aufnehmen oder aus der vorhandenen Galerie auswählen

Wird das Foto über Instagram aufgenommen, dann auf das Kamerasymbol klicken. Mit der Instagram App kann das Bild nach dem Aufnehmen bearbeitet werden. Fotos aus der Galerie, können einfach unter dem Menüpunkt „Galerie" ausgewählt werden und hoch geladen werden. Danach auf „weiter" tippen. Das Bild mit dem Instagram Filter bearbeiten. Ein weiteres klicken auf „weiter", bringt den Nutzer zum nächsten Schritt.

Es erscheint nun die Tastatur des Handys, der Nutzer kann dann etwas schreiben und das Bild mit einem Hashtag versehen und nun kann es geteilt werden. Über den Hashtag kann das Bild leicht gefunden werden und von anderen Nutzern gesehen und gelikt werden.

Das Herz und die Sprechblasen unterhalb eines Beitrages, dienen zum Interagieren mit anderen Nutzern.

Was sind Follower und wie eine Community aufgebaut wird

Falls der Eindruck entstanden sein sollte, dass Instagram nur eine Foto App sei, ist das nicht ganz korrekt. Es ist darüber hinaus auch ein soziales Netzwerk, das eine Community hat. Mitglieder von Facebook sind normalerweise mit Freunden und Verwandten vernetzt. Bei Instagram vernetzt sich der Nutzer mit Menschen aus aller Welt, die er gar nicht kennt. Das Mitglied von Instagram folgt Bildern, die ihm gefallen. Somit folgt er Demjenigen, der sie hoch geladen hat. Er entscheidet so, wie sein Feed aussieht und welche Bilder auf seiner Startseite erscheinen. Genau durch diese Aktivität wird die Community aufgebaut.

Bei Instagram Personen folgen

Über Facebook kann der Nutzer am schnellsten Kontakte finden.

- Personen, denen man folgen möchte
- Facebook Freunde
- Einloggen
- Allen Freunden folgen oder diese einzeln auswählen

Aber Instagram selbst schlägt seinen Mitgliedern Personen vor. Dabei richtet Instagram seine Empfehlungen nach Interessen, Likes usw. aus. Entsprechend seinem Internetverhalten gehen Empfehlungen an das Mitglied.

Wer sich selbst auf die Suche begibt, kann gezielt nach Personen suchen oder nach Hashtags suchen. Hashtags sind Begriffe und Themen, die das Mitglied interessieren. Wird ein Suchbegriff eingegeben, werden Begriffe mit entsprechenden Beiträgen angezeigt. Zusätzlich erhält der Nutzer die Info, wie viele Beiträge zu dem Thema angezeigt werden. Ein weiteres Suchmerkmal, ist der aktuelle Standort. So werden Nutzer in der Nähe des eigenen

Standortes gesucht. Auch unter einem Stadtnamen finden sich Bilder. Diese sind sehr oft uninteressant, meistens sind es Selfies und Essen. Je spezifischer die Anfrage ist, desto effektiver ist das Ergebnis der Suche.

Wenn ein schönes interessantes Bild gefunden wird, dann sollte man sich noch weitere Bilder des Mitgliedes ansehen. Gefällt einem was der andere User so postet, dann auf „+Folgen" klicken. Danach folgen drei weitere Vorschläge von Instagram. Die drei Profile sollte sich der Nutzer ansehen und entscheiden, ob er folgt oder nicht. Mit dem Pfeil oben links kommt man wieder an den Ausgangspunkt. Durch Suchen werden viele interessante Profile gefunden. Das ist ein sehr guter Weg seine eigene Community auf zu bauen.

So wird die Anzahl der Follower erhöht

Aktiv sein, ist das Wichtigste bei Instagram. Nur wer aktiv ist, gewinnt Follower.

- Der Nutzer sollte sich nicht darauf verlassen gefunden zu werden. Er sollte so viel wie möglich „Liken" und kommentieren. Mitten auf der Menüleiste, befindet sich der „Entdecken Button". Einfach ein beliebiges Wort eingeben, wie z. B „Wow" und schon ist ein Kommentar abgegeben. Mitglieder, die von anderen Nutzern Kommentare und Likes bekommen, besuchen meistens deren Seiten. Das kann ein potentieller Follower werden. Wichtig ist es, anderen Profilen zu folgen und deren Follower zu werden. Diese wiederum bedanken sich dann und werden im Gegenzug auch Follower.

Profil bei Instagram bekannt werden lassen

Instragram ist bekannt für seine „Hashtags". Ein Hashtag wird mittels Raute# gesetzt. Schreibt der Nutzer ein Wort unter sein Bild und setzt die Raute # davor, ist es ein Hashtag. Durch diesen Hashtag kann sein Bild gefunden werden. Hier ein Beispiel: #Hund, wird nun nach Hund gesucht, kommt der User genau zu den Bildern mit dem entsprechenden Begriff, in diesem Fall zu Hundebildern.

Bei Instagram gibt es richtige Trendbegriffe wie „Yolo", diese werden lediglich dazu verwendet, damit andere Nutzer, Bilder leichter finden. Hashtags wie #onstagood, #no filter, sind sehr gebräuchlich und inzwischen richtige Klassiker bei Instagram geworden. Wer einen Suchbegriff eingibt, sieht er bei seiner Suche sofort, wie viele Einträge es gibt. Es sollten aber nicht nur beliebte gängige Begriffe eingeben werden, sondern auch aussagekräftige Begriffe, die zum Bild passen. Hashtags sind fast immer englische Begriffe, da ja Instagram eine internationale Community ist. Englisch ist der beste Weg, um zu kommunizieren.

Auf Instagram finden täglich Wettbewerbe statt. Bei den Wettbewerben werden Bilder gekürt, wie „Pictures oft he day", #picturesoftheday, oder #bestoftheday. Es können auch bestimmte Themen sein, unter einem beliebigen Motto, die gekürt werden. Wer mitmacht, muss ein Foto dann mit #photo oft he day, kennzeichnen. Nutzer, die solch einen Wettbewerb gewinnen, haben schnell viele Follower und viele „Likes".

Wer bei Instagram Bilder hoch lädt, der sollte auf gute Qualität und gute Themen achten. Niemand mag verpixelte und langweilige Bilder sehen. Das kann auf die Dauer Follower kosten. Instagram hat eigene Filter für die hoch geladenen Bilder, da ist es relativ einfach gute Bilder zu machen. Sie müssen ganz oft gar nicht bearbeitet werden.

Wem Instagram Spaß machen soll, der braucht nicht nur viele Follower oder Likes, am meisten braucht er Geduld zum Aufbau seiner Community. Ganz wichtig ist es, dabei zu bleiben und immer aktiv zu sein.

So wird Instagram genutzt

Fotos posten

Um Fotos zu posten, unten auf den Bildschirm tippen und auf +
gehen. Entweder jetzt ein Foto hochladen oder ein neues Foto
aufnehmen. Soll ein Foto hochgeladen werden, muss der Nutzer auf
„Bibliothek" im unteren Bereich des Bildschirmes gehen und ein Foto
auswählen, welches er teilen möchte.

Bei Instagram kann ein Beitrag mit mehreren Fotos oder Videos
enthält geteilt werden. Es können bis zu 10 Fotos und Videos
hochgeladen werden. Diese können in einem einzigen Beitrag geteilt
werden.

- Auf + tippen und am unteren Bildschirm, dann auf „Bibliothek"
  gehen
- Bis zu zehn Fotos oder Videos aus der „Bibliothek" des Handys
  aussuchen. Damit eine Auswahl getroffen wird, auf den
  Bildschirm tippen, um die Fotos und Videos anzupassen. Wenn
  ein Format einmal ausgewählt wurde, bleibt es für den
  kompletten Post bestehen. Danach können die Filter zum
  Bearbeiten ausgewählt werden. Dafür auf dem Bildschirm den
  Filter antippen. Um die Reihenfolge der Fotos festzulegen, auf
  ein Element tippen. Um es an eine andere Position zu rücken,
  muss es gedrückt gehalten werden.
- Soll ein Foto oder ein Video entfernt werden, darauf tippen,
  gedrückt halten und oben auf den Bildschirm in den
  „Papierkorb" ziehen. Nach Beendigung des Vorganges, oben
  rechts auf „Weiter" tippen.
- Für den ganzen Post kann ein Ort und eine Beschriftung
  hinzugefügt werden. Auf den einzelnen Fotos können
  Personen markiert werden. Dazu auf „Personen markieren"
  tippen und durch Wischen das Foto suchen, auf dem eine
  Person markiert werden soll. Zum Schluss auf „Teilen" tippen.

- Der Post kann mit „gefällt mir" markiert werden oder auch kommentiert werden. Die Kommentare und „gefällt mir" werden im ganzen Post angezeigt und nicht auf den einzelnen Fotos oder Videos. Ist der Post geteilt, können Bildunterschrift, Standort und Konten geändert werden. Teile des Posts können nicht bearbeitet werden.
- Der Post kann nur vollständig gelöscht werden.

Es sollte bedacht werden, dass Posts mit mehreren Videos, etwas Zeit und ein stabiles Netzwerk erfordern.

Beiträge löschen und bearbeiten

Möchte der Nutzer ein gepostetes Foto oder Video löschen, muss er bei iPhone und Windows Phone oberhalb des Beitrages gehen und bei Android auf die drei Punkte und dann auf „Löschen" gehen. Gleichzeitiges Löschen von mehreren Beiträgen ist nicht möglich. In den Beiträgen können eigene Kommentare und fremde Kommentare gelöscht werden. In Beiträgen von anderen Nutzern, können nur die eigenen Kommentare gelöscht werden.

- Auf einen beliebigen Kommentar tippen
- Dann nach links über den zu löschenden Kommentar wischen
- Auf den „Papierkorb" tippen

Teilen in Facebook

Das Instagram und das Facebook Konto können verknüpft werden. So werden Beiträge direkt von Instagram auf Facebook geteilt.

- Profil aufrufen und oben rechts … (für iPhone) oder die drei senkrechten Punkte für Android tippen
- Nach unten scrollen und auf „verknüpfte Konten" tippen

- Auf Facebook tippen und die Anmeldungeinfos für Facebook eingeben

Sind die Konten verknüpft, kann der Nutzer, von derselben Seite, die Bildunterschriften hinzufügen, einen Beitrag auf Facebook teilen.

Markieren und Erwähnen

Nutzer können von Personen beim Teilen eines Fotos oder auch auf einem vorhandenen Foto markiert werden.

- Auf dem Teilen-Bildschirm auf „Nutzer markieren" tippen
- Auf das Foto von Jemand tippen
- Namen oder Nutzernamen der Person eingeben oder im Menü einen Namen auswählen. Ist die Person nicht dabei, dann auf „Suche nach einem Nutzer" tippen.

Personen in Fotos von anderen Nutzern, können nicht markiert werden. Vom Nutzer markierte Personen sind für alle sichtbar, die sich das Foto ansehen. Bei öffentlichen Fotos, die vom Nutzer markiert wurden, wird die markierte Person benachrichtigt. Sind die Fotos des Nutzers privat, können nur bestätigte Abonnenten das Foto sehen. Diese bekommen aber auch eine Benachrichtigung. In einem Video können Nutzer nicht markiert werden. Sie können lediglich in einem Kommentar erwähnt werden.

Möchte ein Nutzer Fotos sehen, auf denen er markiert ist, muss er sein Profil aufrufen und dort auf das Zeichen mit der Person gehen. Dort kann er wählen, ob das Foto manuell oder automatsch seinem Profil hinzugefügt wird. Hat der Nutzer keine anderen Personen blockiert, kann ihn jeder in seinen Fotos auf Instagram markieren. Aber auch hier kann gewählt werden, ob diese Fotos manuell oder automatisch zum Profil hinzugefügt werden.

Ein Nutzer kann sich aus einem Foto oder Beitrag entfernen, wenn ihn jemand anderes markiert hat.

- Auf das Foto tippen
- Auf den eigenen Namen tippen
- Auf „weitere Optionen" > „Mich aus dem Beitrag entfernen" tippen
- Auf „Entfernen" gehen

Eine Person auf Instagram erwähnen

Möchte ein Benutzer jemand erwähnen, dann gibt er „@" und nachfolgend den Nutzernamen ein, zum Beispiel „einzigartiges Foto @Manu!" ein. Es darf kein Leerzeichen zwischen dem „@" und dem Nutzernamen gesetzt werden. Erwähnt ein Nutzer einen anderen Nutzer, erhält dieser in seiner „Aktivität" eine Nachricht.

Instagram, hat wie auch andere soziale Netzwerke einen Feed.

Der Instagram Feed informiert den Nutzer über Veränderungen und Neuigkeiten, auf einer Webseite oder einem Profil, das von ihm abonniert wurde. Seit 2016 erfolgt das Sortieren der Post im Instagram Feed nicht mehr chronologisch, sondern nach der Relevanz des Posts. Dabei kommen zuerst die Posts von Followern, mit denen der User interagiert, entweder mit „Likes" oder Direkt Nachrichten. Gefolgt von Posts von Followern, nach denen gesucht wurde.

Direct Messaging

Mit Instagram Direct kann das Mitglied Nachrichten an Personen senden. Die Nachrichten können folgende Inhalte haben:

- Fotos oder Videos
- Beiträge aus dem Feed
- Selbstlöschende Fotos oder Videos

- Profile
- Text
- Hashtags
- Standorte

Der Nutzer kann seine Nachrichten, die er in Instagram Direct gesendet hat, ansehen. Dazu rechts oben, neben dem Feed auf das „Cursor" Zeichen gehen. Hier sieht er die gesendeten und empfangenen Nachrichten und kann diese verwalten. Wird eine Nachricht von einem privaten Konto gesendet, dann kann diese nur von Personen gesehen werden, die das Konto abonniert haben.

Mit Instagram Direct gesendete Fotos oder Videos können auf anderen Netzwerken wie zum Beispiel Facebook, über Instagram nicht geteilt werden. Sie werden nicht auf Hashtag- und Standortseiten angezeigt.

Nachricht mit Instagram Direct senden:

- Auf den „Pfeil" oben rechts tippen oder an einer beliebigen Stelle im Feed nach links wischen
- Auf + tippen
- Die Personen, die eine Nachricht bekommen sollen, auswählen und dann auf „Weiter" tippen
- Nachricht eingeben, um ein selbstlöschendes Foto oder Video aufzunehmen, auf das Zeichen für „Fotoapparat" tippen. Es kann auch ein Foto oder Video aus der Bibliothek ausgewählt werden.
- Auf „senden" tippen

Um eine Nachricht an jemanden zu schicken, dem man folgt, kann der Nutzer auch auf dessen Profil gehen und auf „Nachricht" tippen. Links, die bei Instagram Direct verschickt werden, werden mit einem Vorschaubild angezeigt.

Mitglieder können über Instagram Direct im Prinzip jedem eine Nachricht senden. Wenn das Mitglied eine Nachricht an eine Person sendet, die dem Mitglied nicht folgt, erscheint die Nachricht in dessen Postfach. Aber die Person muss die Meldungsanfrage zulassen, dann werden auch die nachfolgenden Nachrichten ins Postfach weitergeleitet.

Bei Instagram Direct sind Gruppenunterhaltungen mit bis zu fünfzehn Personen möglich.

- Auf den „Pfeil" in der oberen rechten Ecke im Feed tippen
- Oben rechts auf + tippen
- Mindestens zwei Personen auswählen und auf „Weiter" tippen
- Die Nachricht verfassen, entweder ein Foto oder Video aus der Bibliothek auswählen oder durch das Zeichen „Fotoapparat" neu aufnehmen
- Eventuell Effekte, Filter oder eine Beschreibung hinzufügen
- Auf „senden" tippen

Ist die Gruppenunterhaltung eröffnet, kann dieser ein Name gegeben werden. Dazu oben rechts in der Unterhaltung auf „i" tippen. Mit der Bezeichnung „Gruppenname" kann der Name der Gruppe hinzugefügt werden. Zum Schluss auf „Fertig" tippen.

Eine Unterhaltung auf Instagram Direct kann gelöscht werden:

- Auf den „Pfeil" in der oberen Ecke des Feeds tippen
- Über die Unterhaltung, die gelöscht werden soll, nach links wischen
- Auf „Löschen" tippen

Ist die Unterhaltung gelöscht, dann ist sie für den Nutzer nicht mehr im Postfach sichtbar. Für ihn ist die Unterhaltung gelöscht, aber nicht für die Personen, die an der Unterhaltung teilgenommen haben.

Missbräuchliche Fotos, Videos und Nachrichten können bei Instagram Direct gemeldet werden.

- Die Unterhaltung öffnen
- Auf die Nachricht, die gemeldet werden sollen tippen und festhalten
- Auf „Melden" gehen

Funktionen von Instagram

Nach aktuellen Zahlen von 2016 wird Instagram von 400 Millionen Menschen genutzt. Allein in Deutschland sind es 9 Millionen und täglich kommen neue hinzu. Instagram ist ein Foto-Soziales-Netzwerk.

Absolut positiv bei Instagram ist, dass es sehr leicht nutzbar ist.

10 Funktionen zur Nutzung von Instagram

1) Benachrichtigungen von wichtigen Kontakten

   Wer Facebook nutzt, der hat schnell eine Menge Kontakte. Da verliert man schnell den Überblick. Deshalb sollte die Benachrichtigung aktiviert werden.

   Auf das Profil der ausgewählten Person gehen. Auf ein Bild klicken und dann bei Einstellungen (Symbol mit den drei Punkten) aufrufen „Beitragsbenachrichtigungen aktivieren" anklicken

2) Alle Bilder sehen, die „gelikt" wurden

   Fotos von Anderen zu liken, ist bei Instagram sehr einfach. Zum „liken", muss nur zweimal auf ein Bild getippt werden. Falls der Nutzer alle Bilder, die er favorisiert sehen möchte, braucht er nur sein Profil aufzurufen. Dann sollte er auf Optionen gehen, hier findet er unter dem Punkt „Konto", den Menüpunkt „Beiträge, die dir gefallen haben" und schon hat er einen Überblick.

3) Aktivitäten von Kontakten im Blick haben

   Hier geht es darum, Bilder von Kontakten ansehen, die von diesen „gelikt" wurden. Der Nutzer muss nur auf die Aktivitäten seiner Instagram Freunde sehen. Dazu muss er unten in der Leiste auf das Herzsymbol tippen. Auf dem Bildschirm erscheint „Abonniert", auch darauf klicken. Es wird dann sichtbar, wer von den eigenen Freunden mit wem befreundet ist und welche Bilder von ihnen gelikt und kommentiert wurden.

4) Suchverlauf löschen

Ab und zu ist es ganz nützlich, innerhalb der App, den Verlauf zu löschen. Das wird wieder unter den Optionen ausgeführt. Dazu muss der Nutzer nur ein wenig scrollen, bis er zu „Sucherverlauf löschen" kommt.

5) Filter setzen und andere ausblenden

Welcher Filter gesetzt wird, ist immer sehr individuell. Das Filter-Management gibt darüber Auskunft. Dafür ein Foto im Editor hoch laden, dann auf das Symbol „Zahnrad" gehen und auf „verwalten" tippen. Im Filter-Management gibt es zwei Entscheidungsmöglichkeiten. Ganz einfach ist es, unnötige Filter zu entfernen. Einfach auf der rechten Seite, den Haken entfernen und schon taucht der Filter in der Auswahl nicht mehr auf. Das ist natürlich auch umgekehrt möglich. Genauso kann die Reihenfolge der Filter neu bestimmt werden. Den Slider von links benutzen und per Drag and Drop an die gewünschte Position ziehen.

6) Instagram kann als Editor benutzt werden , ohne das Bild zu posten

Die Optionen, mit denen ein Bild bearbeitet wird, sind bei Instagram gut. Sie können auch genutzt werden, ohne dass das Bild gepostet wird. Dazu ist nur ein kleiner Trick notwendig. In den Optionen muss, „Originalfotos speichern" aktiviert sein. Jetzt das Handy in den Flugmodus versetzen. Danach einfach den Vorgang für ganz normales Veröffentlichen vollziehen. Nach dem Editieren einfach auf „Teilen" gehen. Es kommt zwar eine Fehlermeldung, da das Smartphone ja im Flugmodus ist. Diese Fehlermeldung ignorieren. Das Bild kann ja nicht versendet werden, ist aber bearbeitet worden und auf dem Smartphone gespeichert.

7) „Taggen" nur auf Anfrage

Fall der User von Freunden nicht getaggt werden möchte und deshalb vorher gefragt werden möchte, kann er dies einstellen. Diese Funktion gibt es auch bei Facebook. Um das in die Wege zu leisten, muss der User das eigenen Profil aufrufen und dann auf „Fotos von dir" gehen. Das Symbol dafür befindet sich rechts außen. Von dort aus in Einstellungen gehen (wieder die der ... Punkte aufrufen), es erscheinen die Optionen „Fotos verbergen" und „Markierungsoptionen". Hier können Bilder ausgewählt werden, die der Nutzer verbergen möchte. Aber wenn die Markierungsoptionen aufgerufen werden, fällt hier die Entscheidung, ob der Benutzer automatisch getaggt werden will, oder ob er manuell entscheiden möchte. Entscheidet er sich für manuell und er wurde von jemand getaggt, bekommt er eine Anfrage und zwar vor dem Erscheinen des Bildes. Er entscheidet nun, ob das Taggen ok ist oder nicht. Wenn er der Benachrichtigung zustimmt, erscheint das Bild.

8) Fotos aus der Fotokarte können entfernt werden

Bei Instagram kann eine Karte aufgerufen werden. Diese zeigt an, wo die Fotos des Users aufgenommen wurden. In die Landkarte kann rein gezoomt werden. Sogar die exakte Straße ist zu erkennen. Alle aufgenommenen Bilder, werden in dieser Karte rein sortiert, dafür müssen die Geotags nicht einmal vorher eingegeben werden. Beim Anmelden erlaubt der Nutzer Instagram, die Location Daten zu nutzen Wenn Bilder aus dieser Karte entfernt werden sollen, werden auch die Location Daten entfernt.

Zuerst wird über das Profil, über den Location-Pin-Icon, die Fotokarte aufgerufen. Sichtbar werden dann dort die Fotos nach Orten zusammengefasst. Mit einem Klick, oben rechts, auf „Bearbeiten" gehen. Danach die entsprechende Gruppe auswählen und einfach den Haken entfernen. Es erscheint die Frage, ob der Nutzer die Geotags entfernen möchte. Werden die Geotags entfernt, werden auch die Location Daten entfernt und damit die Bilder aus der Fotokarte entfernt.

9) So werden Fotos aus bestimmten Locations gesucht

Wer nach ganz bestimmten Bildern sucht, kann das über den Standort machen.

Suche allgemein:

Mit dem Lupensymbol werden Bilder nach Standorten gesucht. Dafür einfach in das Suchfenster tippen und es erscheinen verschiedene Reiter. Den Reiter für „ Orte" heraussuchen und dann die Location antippen, die gewünscht wird. Sofort erscheinen die passenden Ergebnisse.

Über einen Geotag suchen:

Das ist ein ganz einfacher Vorgang. Lediglich ein Bild auswählen und dann auf das Geotag tippen. Sofort erscheinen die favorisierten Bilder zu diesem Ort. Zusätzlich erscheinen die Fotos aufgelistet, die zu letzt geaddet wurden.

Die dritte Möglichkeit ist die Suche nach „Orte in der Nähe"

Dafür auf das Lupensymbol tippen, im Suchfenster die Orte wählen. Es erscheint dort der Link „Orte in der Nähe". Damit werden Fotos ausgewählt, die nahe dem jetzigen Standort sind.

10) Verbergen von unwichtiger Werbung

Werbung nervt die meisten Nutzer. Bei Instagram ist es möglich, diese zu verbergen. Bei Bildern mit Werbung, sind diese oben rechts mit „gesponsert" gekennzeichnet. Der

Nutzer kann ganz einfach auf dieses „gesponsert" klicken. Von Instagram erfolgt dann ein Tipp mit „verbergen", darauf einfach tippen. Ähnlich wie bei Facebook, kann der User dann wählen zwischen: „nicht relevant", „ich sehe sie zu häufig", „sie ist unangemessen". Einfach auf die gewünschte Option drücken.

Das sind nur 10 Tipps, für die Nutzung von Instagram. Es gibt viel mehr Funktionen. Wer sich mit diesen Tipps zurecht findet, wird die anderen nach längerer Benutzung selbst entdecken.

Das Neuste bei Instagram sind die „Instagram Stories"

So funktioniert es:

- Instagram öffnen und auf „Deine Story" tippen
- Die Kamera des Handys öffnet sich automatisch
- Fotos, die jetzt gemacht werden, gehen in die Instagram Story und werden gespeichert.
- Die Story kann mit Text versehen werden. Einfach oben rechts auf „Aa" tippen oder auf das Schriftsymbol gehen.
- Der Text kann farbig geschrieben werden. Unten auf der Farbpallette eine entsprechende Farbe aussuchen und antippen.
- Videoaufnahmen von maximal 12 Sekunden sind möglich. Dafür einfach den Foto Button für die Länge der Aufnahme gedrückt halten.

Die Bedeutung von Instagram für Unternehmen

In der heutigen Zeit gewinnt Instagram immer mehr Bedeutung. Das gilt für private Nutzer und zusehends auch für Unternehmen. Um den Bekanntheitsgrad von Marken und Produkten und zur Neueinführung von Produkten zu erhöhen, werden soziale Netzwerke immer wichtiger. 86 Prozent der weltweit bekannten Unternehmen posten und werben bereits auf Instagram. Die meisten Unternehmen haben ein eigenes Instagram Profil. Der große Vorteil von Instagram ist die Mobilität. Schließlich hat jeder sein Smartphone dabei. Es können immer und überall Fotos gepostet und empfangen werden.

Die Instagram App filtert die Bilder nicht. Markenprodukte benötigen Follower, um sich gegen Konkurrenz durchzusetzen. Deshalb müssen die Beiträge von bester Qualität sein. Wichtig ist es, dass die Postings regelmäßig erscheinen. Mit immer neuen Bildern werden auch neue Follower angesprochen. Da Follower nach Hashtags suchen, sollten die Unternehmen ihre Bilder mit mindestens einem Hashtag versehen, möglich sind bis zu 30. Aber nicht nur die Anzahl der Hashtags ist maßgebend, sondern auch das gewählte Thema spielt eine große Rolle.

Große und bekannte YouTuber mit vielen Followern sind besonders beliebt bei den Unternehmen. Sie haben qualitativ gute Bilder und eine große Reichweite. Es gibt richtige Instagram Stars mit mehreren Hundertausend Followern. Unternehmer benutzen sie zu Werbezwecken für ihre Produkte. Seit Neustem postieren sich Unternehmen mit kommerziellen Anzeigen bei Instagram. Das wird „Sponsored Post" genannt. Trotzdem ist es besser, wenn sich die Unternehmen persönlich präsentieren und damit ihre Follower gewinnen. Wer Erfolg als Unternehmen haben möchte, kommt um ein eigenes Profil bei Instagram in Zukunft nicht herum.

Es gibt sicher noch mehr Funktionen bei Instagram, diese sind aber so selbst erklärend, dass der Nutzer sie mit der Zeit selbst herausfinden wird. Will er Erfolg und Spaß mit Instagram haben, dann ist die oberste Regel, immer aktiv zu sein.

YouTube

Geschichte von YouTube

Das soziale Netzwerk YouTube geht wiederum in eine ganz andere Richtung, als Facebook oder Instagram. Hier geht es im Prinzip, um die Wiedergabe von Filmen, selbst hochgeladenen Filmen, um Videoclips und auch zum ganz großen Teil um Musik und deren Videoclips.

Gegründet wurde YouTube 2005 von den drei Paypal Mitarbeitern Chad Herley, Steve Chen und Jawed Karim. Damals war es ein reines Videoportal des US-amerikanischen Konzerns YouTube LLC. Seit 2006 ist es ein Tochterunternehmen von Google Inc, das es damals für 1,31 Milliarden aufkaufte. Heute hat YouTube hat seinen Sitz in Kalifornien.

2007 punktete YouTube mit der Talente Plattform „Secret Talents" und machte dadurch den Fernseh Casting Shows richtig Konkurrenz.

Bis 2010 durften Videoclips nur eine Größe von zwei Giga Byte haben und mussten kürzer als elf Minuten sein. Im Juli 2010 wurde die maximale Länge auf fünfzehn Minuten angehoben. Bereits im Dezember 2010 begann YouTube, für ausgewählte Nutzer, die nicht gegen Nutzungsbestimmungen verstoßen haben, dieses Zeitlimit aufzuheben. Im Jahr 2011gab es dann die Möglichkeit, durch die Bestätigung des Accounts, per SmS, die Zeitbeschränkung zu deaktivieren. Bereits seit Dezember 2008 ist es möglich, Videos in HD hochzuladen. 3D Videos können seit Juli 2009 hochgeladen werden und seit Juli 2010 werden von YouTube Videos mit 4K Auflösung angenommen.

Ab Dezember 2010 konnten dann YouTube Mitglieder die Beiträge endlich auch bewerten. Die YouTube Movies gab es zu Anfang nur in USA, doch im August 2012 kamen sie dann endlich nach Deutschland.

YouTube Movies sind auf einer gesonderten Plattform verfügbar. Dort werden dem Nutzer nur professionelle Kinofilme und Dokumentationen zugänglich gemacht.

Ende 2015 stieg YouTube in den Spielebereich ein. Die Oberfläche nannte sich YouTube Gaming und ist auf Videospiele ausgerichtet. So sollten Videospielkanäle schneller gefunden werden. Das Design wurde Google+ angeglichen. Von diesem Zeitpunkt an konnten nur noch Google+ Mitglieder Videos kommentieren. Die Mitglieder haben die Möglichkeit nun auch die Videos als Stream im Webbrowser anzusehen.

Dauerhaftes Speichern von Videos hat YouTube nicht in Betracht gezogen. Es können jedoch Videos durch Kopien von temporären Dateien gesichert werden. Außerdem können Mitglieder bei YouTube ein kostenloses Konto anlegen. Dann können Sie die Videos als Favoriten abspeichern.

Auf YouTube können sich Nutzer kostenlos Videoclips ansehen, sie bewerten, sie kommentieren und auch selbst Videos hochladen. Wie die meisten sozialen Netzwerke macht auch YouTube sein Geld mit dem Abspielen von Werbespots.

Aber bei YouTube können Mitglieder sogar selbst Geld verdienen, mit dem Hochladen ihrer eigenen Videos. Dazu gehört einiges an Wissen, wie das soziale Netzwerk YouTube funktioniert.

Mitglied werden bei YouTube

Wer YouTube nutzt, muss nicht unbedingt Mitglied sein. Doch wer kein Mitglied ist, der kann nur einen kleinen Ausschnitt der Plattform nutzen. Ohne Mitglied zu sein, darf er keine Kommentare auf YouTube hinterlassen. Mit Anmeldung bei YouTube, kein Problem. Es können Filme mit Altersbeschränkung angesehen werden. Als Inhaber eines Kontos bei YouTube, kann der Nutzer auf wesentlich mehr Speicher-Features zurückgreifen. Es können Favoriten gespeichert werden oder Videos markiert werden. Nur als angemeldetes Mitglied ist es möglich, Videos, die ihm unangemessen erscheinen, zu melden. Nicht zu vergessen, eine ganz wichtige Funktion, Videos können nur von Mitgliedern hochgeladen werden.

Wer sich bei YouTube anmelden möchte und ein vollwertiges Mitglied sein möchte, muss ein Google Konto besitzen. Grund hierfür ist sicher, die Zugehörigkeit von YouTube zum Google Konzern.

So erfolgt die Anmeldung

1) YouTube aufrufen

   Auf der YouTube Seite befinden sich rechts oben zwei Buttons „Hochladen", „Anmelden". Wer nicht angemeldet ist, der kommt mit beiden Buttons auf dieselbe Seite. Hier sollen E-Mail Adresse und Passwort eingegeben werden, falls ein Google Konto schon vorhanden ist. Wer kein Google Konto hat, für den ist es hier zu Ende. Im unteren Bereich gibt es aber einen Link „Konto erstellen", darauf gehen. Es öffnet sich die Registrierungsseite, um ein Google Konto zu erstellen. Dieses Konto kann als ganz normale E-Mail Adresse genutzt werden und natürlich dazu, sich bei YouTube anzumelden. Falls nicht als E-Mail Konto genutzt, kann es lediglich genutzt werden, um sich bei YouTube anzumelden. Das wird auf der aufgerufenen Seite als Option angeboten. Unter dem Link gibt es dafür ein extra Eingabefeld „Ich möchte eine neue gmail Adresse". Dann kann der User diese neue gmail Adresse nur für YouTube nutzen. Nach der Anmeldung bekommt der Nutzer einen Bestätigungslink als E-Mail. Wird der Link angeklickt, kann das Konto genutzt werden. Die Anmeldung bei YouTube ist damit abgeschlossen. Wird das neue Konto nicht gebraucht, kann es einfach gelöscht werden.

   Nach der Anmeldung kann das neue Mitglied Filme über 18 Jahre ansehen, egal von welchem seiner Geräte aus. Er muss sich aber stets anmelden bei YouTube. Der Nutzer kann unter seiner Mitgliedschaft seinen favorisierten Benutzern folgen und deren Kanal abonnieren. Zusätzlich ist es möglich mit anderen Nutzern Kontakte zu knüpfen. Das kostet sicher etwas Zeit und Geduld und passiert nicht in den ersten 15 Minuten.

Tipps für die Nutzung von YouTube

- Auf YouTube stets vorsichtig sein und keine privaten Informationen preisgeben. Besonders wichtig ist das für Jugendliche und Kinder. Eltern sollten das strikt überwachen.
- Wer sich mit dem öffentlichen Account bei YouTube nicht wohl fühlt, kann einen privaten Account erstellen.
- Mindestalter für YouTube ist 13 Jahre

Privaten YouTube Kanal einrichten und diesen optimal ausstatten

Auf Google einloggen und auf die Seite von YouTube gehen. Hier werden die Anmeldedaten von Google durch YouTube übernommen. Der zweite Weg wäre sich rechts oben mit den Google Login Daten anzumelden. Es erscheint das Profilbild des Nutzers aus dem Google+ Konto. Soll der YouTube Kanal mit dem privaten Profil verbunden werden, dann links im Menü auf „Mein Kanal" klicken und auf „ok" gehen.

- Es findet eine Verknüpfung statt, zwischen Google+ Seite und dem YouTube Kanal
- Auf beiden Seiten, erscheinen dann öffentliche Videos
- Auf beiden Kanälen erscheinen die identischen Namen und das identische Profilbild
- Administratoren haben Zugriff auf beide Kanäle

2) Bild für YouTube Channel

Beim Kanalbild sollten keine Logos oder Text hinein gearbeitet werden

Am besten ist ein Hintergrundbild, das keine besonderen Effekte hat. Bei YouTube gibt es dazu Template Vorlagen in Photoshop und Fireworks. Ist das Kanalbild hochgeladen, kann es jeder Zeit geändert werden.

3) So werden Links im Kanalbild erfasst

Mit der Maus in die rechte obere Ecke des Fotos gehen. Es erscheint dann der Bleistift Icon, das ist das Zeichen für „Bearbeiten". Mit dem Blick auf den Bleistift, wird die Möglichkeit geboten, „Kanalbild" und „Links" zu bearbeiten. Bei der Wahl „Links", kann man über das Menü beliebig viele Links bekommen. Aber auf einem Bild erscheinen höchstens 5. Der YouTube Channel der User ist hauptsächlich mit Google+ verknüpft.

4) So wird Kanalinfo erfasst

Hierfür sollte die Kanalinfo geöffnet werden. Dort kann der User seinen Kanal beschreiben. Er kann die Inhalte und Filme, die er in seinem Kanal zeigt, auflisten. Diese Beschreibung sehen andere YouTube Nutzer nachher. Damit Interesse bei diesen geweckt wird, sollte der Post gut und sorgsam bearbeitet sein.

5) Einstellungen des eigenen Kanals

Für Design und Grundfunktionen sind „Kanaleinstellungen wählen" anzuklicken. Folgendes kann nun getan werden:

- Profilbild ändern
- Einstellungen für Länder wählen

- Tags (Stichwörter) für den Kanal tippen
- Einstellungen für Werbung treffen.
- YouTube Channel mit dem Ad Words Konto verknüpfen, damit Video Ads geschaltet werden können.
- Mit Google Analytics verbinden
- Den eigenen Kanal als Empfehlung in anderen Kanälen anzeigen lassen.

6) Die Kanalnavigation

Mit der Kanalnavigation kommt Leben in den Kanal des Users. Dafür geht man abermals nach rechts, unter das Kanalbild. Aber diesmal wählt man „Kanalnavigation bearbeiten". Die Übersicht aktivieren, auf aktivieren klicken und speichern. Jetzt erscheinen zwei weitere Optionen.

- Das Trailervideo

Ist der User kein Abonnent, erscheint der Trailer des Kanals. Wichtig ist hier, dass ein netter ansprechender kurzer Film ausgewählt wird oder ein kleiner als Begrüßung aufgenommen wird. Abonnenten bekommen eine Auswahl hochgeladener Filmempfehlungen zu sehen.

- Abschnitte

Unterhalb des Trailers oder den Empfehlungen kann der Nutzer jetzt „Abschnitte" hinzufügen. Damit fängt das Design des Kanals eigentlich erst an. In jeden Abschnitt kommen nun Videos, nach eigener Wahl und Zusammenstellung. Das können eigene Videos oder gepostete Videos sein, anstehende Veranstaltungen, andere Kanäle und individuelle Playlists sein.

7) Werbung auf YouTube schalten (Seeding)

Tipp in dem Fall wäre: Schalten der Werbung, sollte erst nach zwei Tagen nach Erscheinen des Videos, erfolgen. In diesen zwei Tagen hat YouTube das Video des Nutzers qualitativ eingeschätzt und platziert. Wenn die organische Qualität gut ist, ist der Werbemitteleinsatz für die bezahlte Reichweite besser.

8) Playlists erstellen und verwalten

Bei YouTube ist es möglich sich selbst eine Playlist zu erstellen und diese zu verwalten. Es handelt sich bei der Playlist um eine Sammlung von Videos, die auch geteilt werden können. Der Nutzer kann sich aber auch eine eigene Playlist zum privaten Gebrauch zusammen stellen, zum Beispiel eine Playlist mit Videos für das Fitnessstudio oder er mag vielleicht Kochvideos besonders gern und möchte diese mit einem Freund teilen. Bei der Erstellung der Playlist, sollte der Nutzer beachten, dass es eine aktuelle Desktopversion und eine klassische Desktopversion gibt.

Aktuelle Desktop Version

- Mit einem Video beginnen, das der Playlist hinzugefügt werden soll
- Unter dem Video auf „Hinzufügen" klicken
- „Später ansehen" wählen, „Favoriten" oder auf eine bereits bestehende Playlist gehen, dann „Name Paylist erstellen" klicken
- Wird eine neue Playlist erstellt, einen Namen dafür eingeben
- Mit dem „Drop-down-Menü" die Datenschutzeinstellungen für die Playlist eingeben. Wird „Privat" ausgewählt, kann nur der Nutzer die Playlist ansehen.
- Auf „Erstellen" klicken

Die Playlist findet der Nutzer jetzt unter „Bibliothek".

Bei der neuen Desktopversion können im Moment keine Playlists gelöscht werden. Deshalb muss man einen kleinen Umweg gehen.

- Eigenen Kanal aufrufen
- „Layout bearbeiten" auswählen
- So kommt der Nutzer zum alten Design und kann Änderungen vornehmen

Klassische Desktop Version

- Mit dem Video beginnen, das der Playlist hinzugefügt werden soll
- Unter dem Video auf „Hinzufügen+" klicken
- „Neue Playlist erstellen" anklicken
- Namen für die Playlist eingeben
- Mit dem Drop-down-Menü die Datenschutzeinstellungen auswählen
- Auf „erstellen" klicken

Die Playlist findet der Nutzer in der Übersicht der Bibliothek.

Playlist löschen

- Aus der der Bibliothek eine Playlist auswählen
- Auf das Menüsymbol mit den drei Punkten klicken
- Auf „Playlist löschen" tippen
- Danach auf"Ja, löschen" gehen
- Es kann allerdings sein, dass die alte Playlist noch im Wiedergabeverlauf von Zuschauern ist.

„Trends" auf YouTube

YouTube hat eine weitere sehr interessante Funktion, die sich „Trends" nennt. Hier sieht der Nutzer, was es Neues auf YouTube und in der Welt gibt. Auf diesem Tab werden ihm Videos vorgestellt, die sehr viele Zuschauer ansprechen. Der Tab „Trends" ist keine personifizierte Funktion. Trends können alle User in allen Ländern sehen. Diese Liste, mit angesagten Videos, wird alle fünfzehn Minuten aktualisiert. Die Plätze, die die Videos einnehmen, können deshalb häufig wechseln.

Bei der Auswahl der Trends geht YouTube nach folgendem Muster vor:

- Videos sollen viele Zuschauer ansprechen
- Nicht irreführend und reißerisch sein
- Zeigen was auf der Welt und YouTube los ist
- Möglichst neuartig und überraschend sein

YouTube möchte, dass bei den Trends ein gutes Gleichgewicht aller dieser Punkte herrscht. Deshalb werden folgende Symbole berücksichtigt:

- Die Anzahl der Aufrufe
- Wie schnell nehmen die Aufrufe zu?
- Die Quellen der Aufrufe
- Das Alter des Videos

Diese Signale werden von YouTube kombiniert. Oben steht nicht immer das Video mit den meisten Aufrufen. Klar ist, dass auf dem Tab Trends nur Videos zu sehen sind, deren Datenschutzeinstellung auf „öffentlich" ist.

Soziale Kommunikation bei YouTube

Im Vergleich zu anderen sozialen Netzwerken, wie Facebook oder Twitter, ist die Kommunikation sehr eingeschränkt. Deshalb wandern auch sehr viele Mitglieder wieder ab. Videos ansehen und Musik hören, ist ok auf YouTube, Kommunikation findet eigentlich so gut wie gar nicht statt.

Diesen Umstand möchte YouTube in naher Zukunft ändern. YouTube arbeitet wohl an einem Projekt, über welches Fotos, Links, Textbeiträge, Videos und Umfragen geteilt werden sollen. Geplant ist der Start demnächst, doch bisher ist alles beim Alten.

Die häufig genutzten Bereiche bei YouTube

Genutzt wird YouTube von 1 Milliarde Nutzer monatlich. In Deutschland hat YouTube einen Marktanteil von 81 Prozent und ist somit reichweitenstärkste Plattform Deutschlands. Bei jugendlichen Mitgliedern in Deutschland sind die Musikvideos sehr gefragt. Männliche Mitglieder haben eine Vorliebe für lustige Clips oder „Let`s play Videos". Der stärkste Channel ist der von PewDiePie, der Let`s play Videos veröffentlicht. Er belegte den ersten Platz unter den Geld verdienenden YouTubern.

Bei YouTube ist mit 66 % Spaß und Unterhaltung der größte Sektor, gefolgt von Informationsbeschaffung mit 50%, Entspannung mit 49% und Kontakt zur Familie durch Videoaustausch 53%. Großer Vorteil von YouTube ist, dass es jederzeit genutzt werden kann. Beim Fernsehen muss man sich eben an bestimmte Sendezeiten halten. Filme können sich Nutzer jederzeit ansehen, sie müssen lediglich die entsprechenden Titel oder die Filmart eingeben. Mit Musik von den Lieblingsmusikern oder bestimmten Titeln kann der Nutzer genauso verfahren.

Mit YouTube Geld verdienen

Als Anfänger ist es nicht gerade einfach Geld mit YouTube zu verdienen. Dazu gehört etwas Erfahrung und entsprechendes Equipment. Im Prinzip funktioniert es über Werbeeinblendungen für die, dann die Videoproduzenten eine Beteiligung bekommen. Um einen wirklich guten Videoclip zu produzieren gehören einiges an Kreativität und know how.

Wie hoch der Verdienst bei YouTube ist, hängt von verschiedenen Faktoren ab. Am wichtigsten sind die Klickzahlen. Wer aber seine Fans begeistern kann, der kann schon über 1000 Euro monatlich kommen. Mit einer großen Fangemeinde, Geld und Warten, kann es sein, dass sich Unternehmen, beim Nutzer selbständig melden.

Besondere Tipps für YouTube

Wer schon immer Filmproduzent werden wollte, kann sich diesen Wunsch mit YouTube erfüllen. Es wird immer ersichtlicher, dass persönlicher Inhalt bei YouTube zunehmend wichtiger wird.

Nutzer mit eigenem Kanal sollten schon beim Auswählen ihres Namens gut nachdenken. Die Richtung, in die der Kanal gehen sollte, muss genauso sorgsam gewählt werden. Beim Namen sollten Nutzer darauf achten, keine Markennamen zu nehmen. YouTube schickt ganz zu Anfang einen Link, der aus zusammen gewürfelten Buchstaben besteht. Diese Buchstaben können dann zu einem Namen zusammen gesetzt werden. Steht der Name und das Thema des Kanals, sollte das Profilbild hochgeladen werden. Das Profilbild sollte ansprechend sein und neugierig machen. Nutzer, die nicht gern ihr Gesicht zeigen, können sich überlegen ein kleines Video zu zeigen. Die Beschreibung des eigenen Kanals sollte exzellent sein. Es ist die Visiten- und Eintrittskarte für YouTube. Die Worte in der Beschreibung sind wichtig für die Sichtbarkeit bei YouTube und Google.

Die Wahl der Kamera

Hier kann sehr viel Geld investiert werden für eine Kameraausrüstung. Doch für einen Neuling tut es zu Anfang auch die Kamera seines Smartphones. Man sollte bei den Einstellungen die beste Qualität für Videos einstellen. Für unterwegs ist das meist die beste Variante. Die Profis nutzen meist eine Digitalkamera mit Stativ.

Gutes Licht für das Video auswählen

Noch immer ist das Tageslicht das beste Licht für Videos. Für Außenaufnahmen ist ein bedeckter Himmel besser, als ein total sonniger. Ein Sonnenaufgang oder ein Sonnenuntergang sind toll für Stimmungsbilder. Ist die Sonneneinstrahlung zu stark, sollte ein Schattenplatz gewählt werden.

Wird das Video innen aufgenommen, dann ist ein großes Fenster ein gut gewählter Platz. Sind Tageslichtlampen vorhanden, umso besser. Ein Led Panel ist eine gute Alternative. YouTube selbst schlägt vor, ein Licht im Hintergrund zu platzieren. Große YouTuber haben oft eine Kerze, eine Lampe oder eine Lichterkette im Hintergrund.

Welche Mikrofone sollten verwendet werden?

Bei der Wahl von Hintergrundmusik muss man in Deutschland vorsichtig sein. Fast alle Songs unterliegen der GEMA. Damit das kein Problem wird, ist es anzuraten, einen Song aus der YouTube Bibliothek zu nehmen. Hier ist die Nutzung von YouTube frei gegeben. Möchte der Nutzer eher etwas erzählen, dann stört Hintergrundmusik eher.

Welche Software sollte zur Videobearbeitung genutzt werden?

Auf einigen Laptops und PCs ist bereits eine Videosoftware vorhanden. Wer eine Videokamera benutzt, kann ein entsprechendes Set dafür kaufen. Viele Nutzer, die ein Mac Book haben, benutzen iMovie zum Schneiden. Cloud Nutzer benutzen Premiere zum Bearbeiten ihrer Videos.

Im Prinzip gibt es die 100 prozentigen Softwares nicht. Hat man sich an eine gewöhnt, kann diese weiterhin genutzt werden. Es kann sogar eine App auf dem Smartphone ausreichend sein. Es geht ja darum das Video zu bearbeiten und langweilige Parts weg zu schneiden. Gern werden von Vloggern (so heißen die Blogger bei YouTube) Wiedererkennungseffekte eingebaut, das kann eine bestimmte Schrift sein, es können Soundeffekte oder ähnliches sein.

Tipps zur Verbesserung von YouTube Videos

Nutzer sollten regelmäßig Videos posten. Das macht den Kanal interessanter und der Kanal wird besser gefunden und das wiederum erhöht die Zuschauerzahlen. Gut sind feste Tage und feste Uhrzeiten.

Dann können die Abonnenten sich darauf einstellen. Am Anfang reicht ein Video pro Woche aus. Öfter wäre besser. Wenn es Nutzer schaffen täglich zu vloggen, werden sie merken, wie ihre Zuschauerzahlen nach oben gehen. Aber tägliches Vloggen ist nicht so einfach realisierbar, es kostet Zeit und viel Kreativität. Es kommt oft vor, dass beim ersten eigenen Video, die Reaktionen auf sich warten lassen. Deshalb sollte man den Mut nicht verlieren und weiter machen. Auch ältere Videos können einen „Push" erleben. Das bedeutet, wenn immer neue Videos folgen und diese angesehen werden, werden auch die alten Videos auf einmal öfter angesehen.

Wozu dient ein Vorschaubild bei YouTube?

Wenn Nutzer ein Video hochladen, sucht YouTube automatisch drei Bilder als Vorschaubilder heraus. Daran sollte der Nutzer schon beim Drehen des Videos denken. Er kann sich dann ein Vorschaubild heraus suchen. Es empfiehlt sich ein paar Hochkantfotos zu machen und diese dann bei Facebook und Instagram zu verwenden. Eine gute Promotion für das Video. So kann er Zuschauer für sein Video gewinnen.

Beim Auswählen eines Vorschaubildes sollten zusätzlich ein paar Schlagworte aufgelegt werden. Bilder für Andere werden oft am Ende eines Videos eingeblendet und sind nur in Kleinformat sichtbar. Deshalb darf die Schrift nicht zu klein sein.

Wird für ein YouTube Video ein Drehbuch benötigt?

Es gibt durchaus YouTuber, die ein richtiges Drehbuch für ihr Video schreiben. Zwingend notwendig ist das nicht. Wer seine Ideen und sein Video im Kopf hat, braucht kein Drehbuch.

Wichtig ist es, die Zuschauer bei der Stange zu halten. Deshalb nicht alle Infos in den Anfang packen. Es ist besser sie auf das ganze Video zu verteilen.

Am Ende des Videos sollte der Nutzer seine Zuschauer immer dazu auffordern das Video zu „Liken" und einen Kommentar zu hinterlassen. Viele Zuschauer bleiben sonst inaktiv und vergessen es. YouTuber sind das gewohnt und fassen es richtig auf.

Videoinhalt und Qualität

Ist der Videoinhalt gut gewählt und interessant, dann spielt die Qualität die geringere Rolle. Der Nutzer muss überzeugend rüber kommen. Damit das Video authentisch wirkt, sind Themen wie das eigene Hobby, eigene Erfahrungen oder Problemlösungen gute Themen. Shopping Hauls (Einkäufe) und Life Hacks (Lebenstipps) werden immer gern angeschaut. Eine Mischung aus Informationen und Unterhaltung kommen gut an bei interessierten Zuschauern und Abonnenten. Hat sich ein Nutzer einmal für eine Richtung in seinem Kanal entschieden, dann sollte er den roten Faden beibehalten. Damit Follower behalten werden, sollten die Themen nicht ständig wild gewechselt werden.

Frauen bei YouTube lieben Themen wie Beauty und Kosmetik oder OOTD (Outfits und Trends). Männer hingegen sehen gern „Prank" (jemand hereinlegen) oder technische Themen und Beschreibungen von technischen Geräten oder auch „unpacking" (öffnen und präsentieren neuer Elektronik). Die wichtigste Person beim privaten Kanal ist der Nutzer selbst. Die Zuschauer müssen ihn sympathisch und interessant finden. Gerade Anfänger fühlen sich oft unwohl vor der Kamera. Das ändert und verbessert sich mit jedem weiteren Video.

Umgang mit negativen Bewertungen eines Videos

Bei YouTube gibt es die Möglichkeit ein Video negativ zu bewerten, mit dem „Daumen runter" Zeichen. Bekommt der Nutzer ein „Daumen runter", dann sollte das der Nutzer nicht überbewerten. Auch bei YouTube gibt es „Neider", die einfach zu gern negativ bewerten. Kritik, die konstruktiv ist, kann da eher weiter helfen.

Werden nette Kommentare abgebeben, dann ist das sehr motivierend. Die Funktion „Daumen runter", kann ausgeblendet werden. Vielleicht ganz sinnvoll, wenn der Nutzer verunsichert ist. Damit schützt er sich gegen unreelle Bewertungen. Die Kommentare kann er manuell frei schalten, das hat den Vorteil, dass er sofort auf Kommentare reagieren kann. Desweiteren kann er beleidigende Kommentare löschen.

Ganz wichtig ist es, neue Follower zu gewinnen

Damit ein User Follower gewinnt, ist der Content seines Videos wichtig. Aber genauso wichtig ist es, mit anderen Mitgliedern zu kommunizieren. Schließlich will der User ja wahr genommen werden. Deshalb sollte er andere Videos bewerten und Kommentare hinterlassen. So macht er auf sich aufmerksam. Der andere User wird sich seinen Kanal anschauen und eventuell ein Follower werden. Im Prinzip ist ein hinterlassener Kommentar, wie ein Link auf den eigenen Kanal. Daraus kann sich sehr viel entwickeln.

Ist der Benutzer von YouTube auch in anderen Social Medien, wie Facebook oder Instagram, kann er da für seinen Kanal werben. Blogger nutzen oft den eigenen Block als Werbung für das eigene YouTube Video. Er kann dort einen Link platzieren. Je mehr „Likes" und Kommentare ein Video bekommt, umso besser ist die Platzierung des Videos bei der Suche.

Kann man mit YouTube so viel Geld verdienen, um davon zu leben?

Das ist eher unwahrscheinlich. Nur sehr gute und bekannte youTuber verdienen genügend Geld für ihren Lebensunterhalt. Aber wenn man viele gute und beliebte Videos macht, dann kann es ein guter Nebenverdienst sein. Es gehört viel Arbeit und Geduld dazu. Der Kanal muss einfach bekannt werden, dann melden sich auch Firmen, die ihre Werbung dort schalten möchten.

Die Informationen über YouTube und die privaten Kanäle sind noch nicht so weit um sich greifend. Es gibt noch viele Benutzer und Mitglieder, die noch nicht so viel darüber wissen. Doch das ändert sich gerade. Es sind eben doch eher die jüngeren Menschen, die sich an dieses soziale Netzwerk trauen.

Verletzung der Urheberrechte bei YouTube

Jeder, der einen eigenen Kanal hat, will diesen sicher schützen. Es kommt öfter vor, dass Videos heruntergeladen werden und dann neu eingestellt werden. Wird ein Video des Benutzers runtergeladen und neu eingestellt, verliert er an Zuschauerzahlen, verliert Plätze beim Ranking und verliert Geld bei den Werbeeinnahmen. Gerade für große bekannte YouTuber ist das ärgerlich.

Für YouTuber war es bisher einfach, darauf zu reagieren. Wurde das kopierte Video entdeckt, konnte der Nutzer auf den „Melden" Button gehen. So konnte das Video mit der Originalquelle schnell YouTube erreichen. Es waren nur ein paar zusätzliche Fragen zu beantworten notwendig und das kopierte Video wurde aus dem Netz genommen. Aber für den entstandenen Schaden bei der Originalquelle gibt es keinen Schadensersatz. Die meisten YouTuber schützen ihre Videos mit Besonderheiten, wie z. B. Wasserzeichen. Doch beim Kopieren, können diese Besonderheiten schnell entfernt werden. Bei den gestohlenen Videos muss der Originalnutzer sehr schnell reagieren. Denn seit Neustem muss er YouTube jedes Video einzeln melden und dazu auch die entsprechende Gegenquelle. Dafür gibt es ein Formular, aber auf diesem können lediglich zehn Videos vermerkt werden. Ein kompletter Kanal kann nicht gemeldet werden. Manchmal werden nur Teile oder Bilder eines Videos heruntergeladen und neu eingestellt. Das muss dann alles einzeln gemeldet werden. Ein langwieriger Prozess unter Umständen. Da über das Kontaktformular nur 10 Videos gemeldet werden können, geht es am Schnellsten, immer nur vier bis fünf Videos zu melden. Am besten geht man der Reihe nach vor, zuerst die Kopien, die am meisten Schaden anrichten. Normalerweise reagiert YouTube schnell und die Videos sind innerhalb von 60-120 Minuten aus dem Netz entfernt. Der Nutzer erhält eine entsprechende Info von YouTube. Sind die ersten vier bis fünf Videos gemeldet und entfernt, sollten die nächsten gemeldet werden. Erfahrungsgemäß wird der Kanal nach der dritten Meldung gesperrt.

Doch oft ist es gar nicht so leicht zu erkennen, ob ein Video von einem anderen Nutzer hochgeladen und wieder neu eingestellt ist. Wurde das Video gekürzt und das Erkennungszeichen (Thumbnail) nicht genutzt, erkennt das YouTube meistens nicht. Einen 100 prozentigen Schutz gegen illegale Uploads gibt es nicht.

YouTube und fragwürdige Inhalte

Dazu zählen:

- Pornographische Inhalte und Nacktheit
- Inhalte dürfen nicht schädlich oder gefährlich sein
- Keine gewalttätigen und grausamen Inhalte
- Keine Beiträge mit ungeklärtem Urheberrecht
- Videos, die zur Gewalt aufstacheln, rassistische Videos, Videos, die Religion, Behinderung, Alter oder sexuelle Orientierung ausgrenzen, sind verboten
- Stalking, Drohungen, Belästigungen, Einschüchterungen, Eingriffe in die Privatsphäre, offenlegen von persönlichen Daten

Sanktionierungen durch YouTube

Bei YouTube gibt es ein sogenanntes „enforcement team". Eine Vorzensur existiert bei YouTube nicht. YouTube ist darauf angewiesen, dass Nutzer Videos melden. Wenn YouTube dieser Meldung nach geht und sie sich als richtig erweist, werden die Videos gelöscht. Diese Zensur umgehen viele YouTuber aber, indem sie zum Beispiel rassistische Filme mit einer Altersangabe versehen. Dass Kontrolle und Zensur hier nicht so richtig funktionieren, ist ein großer Kritikpunkt. Registrierten Nutzern stehen diese Filme trotzdem zur Verfügung. Es wird keine Altersverifizierung bei der Registrierung durchgeführt. Das bringt regelmäßig Kritik von Jugendschützern an

YouTube. Rassistische und volksverhetzende Filme werden mit Altersangabe hochgeladen und sind somit auch verfügbar.

Eine staatliche Zensur ist ganz schwierig anzubringen. YouTube ist international und in verschiedenen Ländern, gibt es unterschiedliche Gesetze. In Deutschland sind Hakenkreuze verboten, in den USA nicht. Also erfolgt kein Löschen durch YouTube.

Länder ergreifen deshalb öfter selbst die Initiative und sperren YouTube in ihrem Land. China hat dies mehrmals getan, genauso Thailand, die Türkei und andere Staaten. Diese Länder haben sich durch Aussagen von YouTubern bedroht gefühlt und nehmen sich das Recht raus, YouTube in ihrem Land zu sperren.

Wie auch bei allen anderen sozialen Netzwerken, ist der Umgang damit und mit seinen Funktionen am Anfang gewöhnungsbedürftig. Sitzen aber erst einmal die Grundfunktionen, erkennt der Nutzer die anderen durch ausprobieren.

Bei YouTube können Nutzer im Prinzip alles anfragen, was sie interessiert. Theoretisch gibt es für alles ein Video. Wer Kochen lernen möchte, der kann sich Kochvideos in großer Anzahl anschauen. Gerade Ratgebervideos, Reparaturvideos und Lernvideos, werden von den Nutzern sehr gern in Anspruch genommen. Hier kann man schließlich noch etwas lernen und vielleicht auch Geld sparen, wenn man sein Fahrrad selbst repariert.

Social Media und Sucht

Die ständige Erreichbarkeit durch das Smartphone und die Zugehörigkeit zu einem oder mehreren Social Medien, führt dazu, dass eine ganz neue Sucht in Deutschland Einzug gehalten hat. Es wurde sogar ein neues Wort für die sucht geschaffen „Fomo", „Fear of missing out", zu Deutsch „die Angst etwas zu verpassen". Im Prinzip ist Fomo ein Phänomen, das schon länger bekannt ist. Aber mit der Verbreitung von Smartphones und Social Media, tritt das Phänomen immer häufiger auf. Gerade junge Menschen, die mit dem Internet aufgewachsen sind, erliegen der Sucht Fomo im ganz besonderen Maße.

Das Smartphone ist ja auch immer und überall dabei und ein Internetzugang, ist theoretisch immer vorhanden. Nutzer werden mit einer Flut an Informationen, Bildern und Livestreams überschüttet. Das ist eine richtige digitale Zurschaustellung des Lebens. Nutzer sehen fröhliche Gesichter, niedliche Tiere, Sonnenuntergänge und ähnlich Schönes oder auch weniger Schönes. Im Internet wird um die Aufmerksamkeit der Nutzer richtiggehend gebuhlt. Wer da nicht mitmacht, der ist nicht up to date und kann nicht mitreden. Menschen sind soziale Wesen. Sie möchten sich unterhalten und zu einer Gruppe zugehörig fühlen. Junge Menschen, die mit dem Internet aufgewachsen sind, nutzen das Internet aber genau zu diesem Zweck. Sie wollen nichts verpassen und haben soziale Netzwerke in ihren Tagesablauf integriert.

Warum fällt es so schwer auf das Handy zu verzichten?

Die ständige Erreichbarkeit ist zum Zwang geworden. Oft sind es die Arbeitgeber, die von ihren Mitarbeitern ständige Erreichbarkeit fordern, doch auch Freunde, Familie und Bekannte setzen voraus, dass jeder immer erreichbar ist. Studien besagen, dass 83 Prozent der Deutschen zumindest selten im Internet sind und der Prozentsatz steigt in den letzten 20 Jahren stetig nach oben. Ungefähr 25 Prozent der jungen Menschen zwischen 14 und 29 Jahren benutzen Instagram mindestens ein Mal täglich und bei Facebook sind es doppelt so viele.

Von Kindern und Jugendlichen, die an einer Befragung teilnahmen, zeigten 21 Prozent eine übertrieben starke Handynutzung. Sie möchten ständig Präsens zeigen und alles Neue kontrollieren.

Das Thema Fomo ist nicht ganz neu, bereits 2013 kam es zu stetig ansteigendem Suchtverhalten, durch soziale Netzwerke. Der Ausdruck Fomo erregte damals schon Aufmerksamkeit. Menschen, die zu exzessivem Gebrauch von sozialen Netzwerken neigen, zeigen bei Entzug sogar körperliche Entzugserscheinungen wie starkes Schwitzen, Juckreiz, innere Unruhe und zwanghaftes Aktualisieren der Nachrichtenabfragen von ihren sozialen Netzwerken.

Zwischenmenschliche Kontakte werden immer seltener, Sport, Hobby und Naturerfahrungen werden immer mehr vernachlässigt. Das Leben spielt sich für diese Menschen nur noch im Internet ab.

Sicher sind Menschen, die beruflich mit digitalen Medien zu tun haben weitaus mehr gefährdet. Aber auch ganz vermeintlich normale Nutzer verfallen immer mehr der Sucht. Um dieser gefährlichen Sucht aus dem Weg zu gehen, ist schon eine Stunde ohne Smartphone ein Schritt in die richtige Richtung.

Für online Süchtige gibt es inzwischen spezielle Ambulanzen oder psychosomatische Kliniken. Besser ist es sich vorher zu schützen. Es existieren sogar entsprechende Programme wie „Cold Turkey" für Windows oder Android. Sie können im Internet herunter geladen werden. Die Programme blockieren die sozialen Netzwerke stundenlang.

Wer sich als gefährdet ansieht, der sollte sich Hilfe holen, damit er rechtzeitig den Absprung schafft. Wie alle Süchte, gefährdet auch die online Sucht das soziale Leben eines Menschen und seiner Familie und Umwelt.

Es verfällt natürlich nicht jeder dieser Sucht, wer sich mit Maß das Internet zu Nutze macht, der profitiert in erster Linie davon. Er ist informiert, erweitert sein Wissen und hält durch soziale Netzwerke seine Freundschaften am Laufen.

Die meisten User sind nicht nur in einem sozialen Netzwerk. Facebook, YouTube und Instagram sind wohl die geläufigsten und verfügen über die meisten Mitglieder. Letztendlich ist es der Entschluss des Nutzers, bei welchen sozialen Netzwerken er Mitglied sein möchte und wie oft er sich in diesen bewegt.

www.ingramcontent.com/pod-product-compliance
Lightning Source LLC
LaVergne TN
LVHW052311060326
832902LV00021B/3827